BARBARA KRASEMANN

Geschenke

mit Gewürzen aus meinem Garten

BARBARA KRASEMANN

Geschenke

mit Gewürzen aus meinem Garten

FOTOS: ANNE ROGGE UND JAN JANKOVIC

KOSMOS

Geschenke
mit Gewürzen aus meinem Garten

FRÜHLING
Erste Düfte 8

Aus der Erde sprießt es würzig und scharf. Die ersten feinen Kräuter können in Salz eingelegt werden und zarte Frühlingsblüten veredeln so manchen Zucker auf sehr aromatische Weise. Wie wäre es beispielsweise mit einem Sauerampfer-Salz oder Schlehen-Blüten-Zucker?

SOMMER
Zum Verwöhnen 40

Der Sommer ist voller Aromen, die nur darauf warten, entdeckt zu werden. Verwöhnen Sie Ihre Lieben mit edlen Rauchgewürzen aus den Früchten des Sommers wie Tomate, Paprika und Chili. Oder bringen Sie mit Aronia und Ringelblume farbige Würze in Ihre Speisen.

HERBST
Vielfalt pur 70

Die Magie der Gewürze erschließt sich jedem Experimentierfreudigen. Probieren Sie es aus und zaubern Sie aus den würzigen Samen von Kapuzinerkresse, Senf und Radieschen wundervolle Geschenke. Oder wie wäre es mit einer exotischen Paste von der Wohlfühlbeere oder vom Riesen-Knoblauch?

DAS IST *wirklich* WICHTIG

. . . .

DARAUF KOMMT'S AN! Hier erläutern wir alles, was zum Gelingen des Rezepts wirklich wichtig ist. Dort wo es sinnvoll ist, mit Bild.

WINTER
Knospen und Rinden

Ein Gewürzgarten hält selbst bei frostigen Temperaturen eine Menge Aromen bereit. Jetzt werden Knospen, Rinden, Wurzeln und Winterfrüchte verarbeitet und daraus liebevolle Geschenke gestaltet. Berberitze, Gewürzstrauch, Balsam-Pappel und Szechuanpfeffer warten darauf, geerntet zu werden.

GEWÜRZE
verschenken aus dem eigenen Garten

Vor über 27 Jahren plante ich, auf meiner 8.500 qm großen Wiese einen Garten anzulegen. Die Vision war, einen Garten zu gestalten mit vielen verschiedenen Zimmern und einer großen Anzahl an heimischen Pflanzenarten.

Mein Traumgarten besteht heute aus über zehn Zimmern wie: Kräutergarten, Gemüsegarten, Obstgarten, einem Schattengarten, einem Formengarten mit historischen Rosen, einem Alpinum mit Trockenkünstlern, einer Freiluftküche, einer Magerwiese mit Wildrosen ..., die ich erweitere, ausbaue, Neues hinzufüge, Altes entferne. Eben wie bei einem richtigen großen Haus.

In meinen Gartenzimmern gibt es weit über 450 Pflanzenarten, die ich fast alle aus Samen, Stecklingen oder Steckhölzern selbst großgezogen habe. Alte Gemüsesorten, heimische Raritäten, Klassiker und viele mehr.

Alles, was der Garten an Früchten, Blättern, Blüten, Knospen, Samen und Wurzeln von Frühling bis Winter zu bieten hat, verarbeite ich seit jeher zu essbaren Köstlichkeiten. Es gibt nichts, was nicht in meiner Gartenküche verarbeitet wird.

In diesem Buch stelle ich Ihnen nun eine besondere Pflanzengruppe vor: die Gewürze. Sie wachsen in allen Zimmern meines großen Gartens und verführen mich von Frühling bis Winter mit den unterschiedlichsten Düften und Aromen. Egal, ob Kräuter, Bäume, Sträucher, Gemüse oder Wildobst. Richtig verarbeitet und wohldosiert verfeinern sie die unterschiedlichsten Speisen.

Einen kleinen Teil meiner Rezepte und Rezepturen stelle ich Ihnen in diesem Buch vor. Ich wünsche Ihnen viel Freude beim Verarbeiten der duftenden Gartenfrüchte und Verschenken der Produkte, die Sie daraus zaubern.

Ihre
Barbara Krasemann

FRÜHLING

Erste Düfte

DER VORFRÜHLING LIEGT HONIGSÜSS IN DER LUFT MIT
EINEM ZARTEN HAUCH VON MANDELN. AUS DER ERDE
SPRIESST ES WÜRZIG UND SCHARF. DIE ERSTEN FEINEN
KRÄUTER KÖNNEN IN SALZ EINGELEGT WERDEN UND ZARTE
FRÜHLINGSBLÜTEN VEREDELN SO MANCHEN ZUCKER
AUF SEHR AROMATISCHE WEISE. WIE WÄRE ES MIT SAUER-
AMPFER-SALZ ODER SCHLEHEN-BLÜTEN-ZUCKER?

BÄRLAUCH-SALZ
aus würzigen Blättern

DER BÄRLAUCH GEHÖRT ZU DEN GEWÜRZPFLANZEN, DIE DEM GÄRTNER DIE GERINGSTE MÜHE ABVERLANGEN. IST ER EINMAL ANGEWACHSEN, ERSCHEINT ER BEREITWILLIG JEDES JAHR IN GRÖSSEREN BESTÄNDEN.

Zutaten

3 Tassen getrockneter Bärlauch, grob zerkleinert (90 g). Entspricht ca. 900 g frischem Grün.

2 Tassen Salz (400 g)

Besonderes Werkzeug
- Bei Bedarf Salatschleuder
- Mixer oder Mörser
- Aromadichtes Gefäß, z. B. Gläser

So geht's

1. Die frischen Bärlauchblätter werden ab April am späten Vormittag geerntet, wenn der Tau abgetrocknet ist.

2. Sauber verlesen, legt man sie zum Trocknen auf ein Leinentuch [→a]. Müssen die Blätter gewaschen werden, sollten sie unbedingt in der Salatschleuder vorgetrocknet werden. Eine schnelle Trocknung ist für das spätere Aroma wichtig. Die raschelnden, gedörrten Blätter behalten dann ihr sehr kräftiges, typisches, schwefliges Aroma.
Eine andere Möglichkeit zum Trocknen ist der Heißluftherd. Er wird bei Umluft auf 50 bis 60° C eingestellt und die Ofentür einen Spalt geöffnet. So kann die warme, feuchte Luft entweichen. Der Bärlauch trocknet in wenigen Stunden. Dörrautomaten eignen sich ebenso und sind eine schonende Methode, um den frischen Blättern das Wasser zu entziehen.

3. Für das Gewürzsalz werden die getrockneten Blätter zusammen mit dem Salz in einem Mixer, besser noch in einem Mörser [→b], zerkleinert und sofort in ein aromadichtes Gefäß abgefüllt [→c].

Bärlauchsalz verfeinert Salatdressings, Eintöpfe, Smoothies, Kräuterbutter oder Kräuterquark. Auch an Fischfüllungen und deftigen Speisen macht sich der Bärlauch sehr gut. Man schmeckt ihn aus jedem Gericht deutlich heraus.

ALLES KANN MAN ERNTEN Vom Bärlauch können nicht nur die Blätter geerntet werden. Nach der Blatternte folgen die Knospen, Blüten, Samen und zuletzt, falls er sich zu heftig ausgebreitet hat, auch die Zwiebeln.

[a]

[b]

DAS IST *wirklich* WICHTIG

[a] **DAS TUCH** hilft bei der Trocknung und nimmt gleich einen Teil der Feuchtigkeit auf. Hin und wieder werden die Blätter gewendet. Fertig sind sie erst, wenn sie bei leichter Berührung brechen.

[b] **JE FEINER DAS SALZ** mit dem Bärlauch verrieben wird, umso besser kann beim Würzen dosiert werden.

[c] **GLAS IST AROMADICHT** und kann immer wieder verwendet werden. Ich empfehle kleine Portionsgläser für den schnellen Verbrauch. Beachten Sie, dass das Gewürz mit der Zeit seine Farbe verliert, daher am besten dunkel lagern.

[c]

ZWIEBELGEWÄCHSE
Eine besondere Leidenschaft

DIE GANZE VIELFALT DER ESSBAREN ZWIEBELGEWÄCHSE
IST BEEINDRUCKEND, ABER KAUM BEKANNT. UNSERE
GEMÜSEZWIEBEL IST NUR EINE DAVON.

EINE GROSSE FAMILIE

Alliaceae nennt man diese schwefelhaltigen Gewächse im Botanischen. Sie besiedeln in meinem Garten unterschiedliche Bereiche, vom Steingarten über den Schatten- und Sumpfgarten bis zum Gemüsegarten, unter Hecken und in der Wiese.

Das Farbspektrum ihrer Blüten reicht von Weiß über Creme, Hellgelb, Schwefelgelb, Rosa, Lila bis Tiefviolett. Auch zartgrüne Blüten kommen vor. Einige Arten haben gar keine Blüten, sondern nur kleine Brutzwiebeln, andere haben beides.

WEINBERGSLAUCH

Der Weinbergslauch (auch Perllauch genannt) wächst gut in humosem, lockerem Boden an einem sonnigen Standort und liefert im Frühjahr zarte, wie Porree aufgebaute Stängelchen – ich verwende sie in meiner Küche im Frühling daher ähnlich wie den Porree. Im Spätsommer können die Brutzwiebelchen geerntet werden. Roh sind sie sehr scharf – ich gebe sie als Gewürz gerne in Mixed Pickles. Das Erhitzen mildert die Schärfe. Der geerntete Rest kann über den Winter trocken, kühl und ungeschält aufbewahrt und bei Bedarf verwendet werden. Rezept siehe Seite 113.

CHINESISCHER LAUCH

Eine meiner Lieblingssorten im Gewürzgarten ist der Chinesische Lauch *(Allium ramosum)*. Er wächst gerne in lehmigem Boden an absonnigen, leicht feuchten Standorten. Dort breitet er sich auch leicht durch Selbstaussaat aus. In dieser Beziehung ähneln seine Bodenansprüche sehr dem Schnittlauch, den ich mit einem Schmunzeln fast den Sumpfpflanzen zuordnen möchte. Natürlich kommen beide Arten auch mit anderen Standorten zurecht, werden aber nie so üppig (siehe auch Seite 14).

GELBLAUCH

Wenn der Bärlauch seine Blätter einzieht, ist es Zeit, einen nahen Verwandten, den Gelblauch *(Allium obliquum)* zu ernten. Die Standortbedingungen sind die gleichen. Die essbaren Blüten sind schmackhaft und können über Salate gestreut werden oder verfeinern auf zarte Weise Butter, Joghurt und pikante Quarkspeisen. Frische Blättchen und Blüten lassen sich gut im Glas einfrieren.

Wer im Garten einen reichen Pflanzenbestand hat, sollte unbedingt die Zwiebeln im Boden probieren. Sie haben ein besonders kräftiges Aroma und können wie Gemüsezwiebeln in der Küche verarbeitet werden.

CHINESISCHER LAUCH
Fleischige Blätter tiefgekühlt

DER CHINESISCHE LAUCH ÄHNELT DEM KNOBLAUCH, IST ABER GRÖSSER UND BREITER. DIE KRÄFTIGEN, ANGENEHM SCHARFEN BLÄTTER SIND BESTENS ALS WÜRZE GEEIGNET UND KÖNNEN IM GEFRIERFACH IDEAL AUFBEWAHRT WERDEN.

Zutaten

Frischer Lauch, je nach Bedarf

Besonderes Werkzeug
- Schraubglas
- Gefriertruhe oder -fach

So geht's

1. Das fleischige, flache Blatt kann während der ganzen Gartensaison geerntet werden – ich ernte die Blätter vom Frühjahr bis zum Frost, dann kann man leicht einen Teil davon bevorraten.

2. Anschließend werden die gesunden, schmalen Blätter unter fließendem Wasser gesäubert. Gründlich verlesen, müssen sie mit einem Haushaltstuch oder Geschirrtuch sorgfältig abgetrocknet werden.

3. Den abgetrockneten Lauch mit einem scharfen Messer zerkleinern [→a]; ob fein oder grob, spielt keine wesentliche Rolle.

4. Die Lauchstückchen nun locker in ein sauberes Schraubglas o. Ä. füllen. Werden die Pflanzenteile hineingepresst, lassen sie sich später nur schwer in Portionen wieder aus dem Glas nehmen.

5. Der Lauch wird im Glas eingefroren, damit der andere Inhalt der Gefriertruhe nicht den Zwiebelgeschmack annimmt. Die Haltbarkeit reicht bis zur nächsten Saison.

Dieser Lauch passt, ebenso wie der Bärlauch, zu vielen pikanten Speisen, ist aber nicht so dominant. Er bringt den Gerichten mehr Schärfe als die Küchenzwiebel, die dem Essen mehr Süße verleiht. An Bratkartoffeln, aber auch am Salat schmeckt er hervorragend.

DIE SAMEN des Chinesischen Lauchs *(Allium ramosum)* eignen sich ebenfalls als Gewürz. Sie sind hart wie Pfeffer und aromatisch. Vor der Verwendung sollten sie in einem Mörser oder einer Pfeffermühle zerkleinert werden. Die weißen Blüten ähneln denen des Bärlauchs und können ebenso über Salate oder in würzige Quarkspeisen gegeben werden.

DAS IST *wirklich* WICHTIG

[a] JE NACH VERWENDUNGSZWECK
kann ein Teil des Lauches sehr fein
oder auch grob geschnitten werden.
Grobe Stücke eignen sich für die
Wok-Küche sehr gut. Fein gehackt
schmecken sie über Bratkartoffeln
gestreut sehr lecker.

[b] IN DAS GLAS darf keine Flüssigkeit gefüllt werden. Im Gefriergerät
würde das Glas sonst platzen.

[a]

[b]

DAS IST
wirklich
WICHTIG

[a] ENTNIMMT MAN DEM GLAS nur
kleine Mengen, muss das übrige
Pesto mit etwas frischem Öl bedeckt
und im Kühlschrank aufbewahrt
werden.

[a]

BRENNNESSEL
Energiebündel für den Frühling

DIE BRENNNESSEL IST UNVERWÜSTLICH UND LIEBT NÄHRSTOFFREICHEN BODEN. DIE ZARTEN FRÜHLINGSBLÄTTER SIND SEHR SCHMACKHAFT, DESHALB SOLLTEN DIESE ENERGIEBÜNDEL IN KEINEM GEWÜRZSCHRANK FEHLEN.

Zutaten

500 g frische Brennnesselblätter

500 g Lauch

1 bis 2 TL Salz

100 g Walnüsse

½ l Walnussöl und etwas Öl zum Übergießen im Glas

Besonderes Werkzeug
- Handschuhe zum Ernten
- Schere
- Fleischwolf oder Mixer
- Gläschen zum Abfüllen
- Weckkessel bei Bedarf

So geht's

1. Die jungen, zarten Pflanzen können bereits ab einer Höhe von 10 bis 20 cm geerntet werden. Man schneidet hierzu die Brennnesseln bis zur Basis mit einer Schere ab. Wer mag, trägt dabei Handschuhe.

2. Der gewaschene Lauch wird zusammen mit den Brennnesseln und Nüssen durch einen Fleischwolf gedreht oder in einem Mixer püriert.

3. Nach dem Abschmecken mit Salz wird in den Brei das Walnussöl gründlich eingerührt und die Masse in Gläschen abgefüllt.

4. Gießt man zum Schluss noch ein wenig Öl auf das abgefüllte Pesto, kann man es im Kühlschrank einige Wochen aufbewahren. Für längere Haltbarkeit sollten die Gläser 30 Minuten bei 85° C eingeweckt werden.

Das Pesto passt als Gewürz zu Nudeln und Salatsoßen. Ebenso in Fleisch- und Fischfüllungen.

Tipp

Samen
Die reifen, leicht ockerfarbenen Samen werden im Herbst geerntet. Sie haben ein nussiges Aroma und schmecken geröstet herrlich über Müsli und Salat.
Brennnesselsamen enthalten Phytoöstrogene, die sich gerade in der Menopause sehr günstig auf den weiblichen Organismus auswirken.

DIE WERTVOLLEN INHALTSSTOFFE wie Vitamin A, B, C und E, Kalium, Kalzium, Eisen, Chlorophyll, Sitosterin, Carotinoide, Linolsäure und viele mehr haben die Brennnessel wieder salonfähig gemacht. Die Wirkung reifer Brennnesselsamen soll mit der des asiatischen Ginsengs vergleichbar sein.

PETERSILIEN-SALZ
Gewürz mit Tradition

DIE PETERSILIE WÜRZT JEDE SUPPE, JEDEN SALAT, JEDE KARTOFFEL UND DEKORIERT JEDEN TELLER. DIE FRISCHE PETERSILIE AUCH FÜR DEN WINTER AUFZUBEWAHREN, HABE ICH BEI MEINER GROSSMUTTER ABGESCHAUT.

Zutaten

500 g frische Glatte Petersilie oder eine Mischung aus Petersilie, Gundelrebe und Knoblauchsrauke

300 bis 500 g Salz

Besonderes Werkzeug
- Bei Bedarf Salatschleuder
- Steinzeugtöpfchen mit Deckel oder Glas

So geht's

1. Im Spätfrühling schneidet man die meist großen Petersilienbestände einmal komplett bis auf etwa 6 cm herunter. Sie treiben anschließend wieder kräftig nach.

2. Nach der Ernte wird die Petersilie sauber verlesen und trocken verarbeitet. Im Notfall, wenn sie gewaschen werden muss, sollte sie in einer Salatschleuder getrocknet werden!

3. Mit einem scharfen Küchen- oder Wiegemesser wird das Grün sehr fein zerkleinert [→a].

4. Nach und nach Salz dazugeben und gut vermischen. Abschließend wird die Salz-Petersilienmasse unter leichtem Druck [→b] mit der Hand, einem Löffel oder -stiel in ein Gefäß gefüllt. Ideal ist ein Steinguttopf mit Deckel, da er kein Licht an das Grün lässt. Befüllt man ein Glas, sollte es im Dunkeln aufbewahrt werden [→c].

Im Keller, in der Speisekammer oder im Kühlschrank hält sich das Petersiliensalz bis zur nächsten Saison, wenn die Zutaten 1:1 genommen werden. Nimmt man weniger Salz, wird die Haltbarkeit eingeschränkt, was bei kleinen Portionen kein Problem darstellt.

DAS IST *wirklich* WICHTIG

[a] JE FEINER DAS KRAUT zerkleinert wird, umso besser lässt es sich mit dem Salz später vermischen. Das Salz hat hier eine konservierende Funktion.

[b] GUT EINGESTAMPFT und mit reichlich Salz vermischt, gelangt nur noch wenig Sauerstoff an die Blattmasse. Das Salz zieht zudem noch die Feuchtigkeit aus der Petersilie und verhindert dabei die Fäulnisbildung.

[c] BEI DER VERWENDUNG dieser feuchten Gewürzpaste muss der hohe Salzgehalt berücksichtigt werden. Zusätzliches Salzen ist also nicht mehr erforderlich.

[c]

[a]

[b]

KANDIERTE ENGELWURZ
Süßigkeit aus Frankreich

VON DEN WÜRZIGEN SAMEN ÜBER DIE LECKEREN BLÄTTER BIS HIN ZU DEN GESUNDEN WURZELN, LÄSST SICH ALLES VON DER ENGELWURZ IN DER KÜCHE VERARBEITEN. ETWAS GANZ BESONDERES SIND DIE KANDIERTEN STÄNGEL.

Zutaten

4 bis 6 Engelwurzstangen vor der Blüte

¾ l Wasser

1 kg Zucker

Besonderes Werkzeug

- Schälmesser
- Backtrennpapier
- Schraubgläser

So geht's

1. Im Frühjahr werden nur die äußeren, dicken Stangen geerntet, damit die Pflanze von der Mitte weiter austreiben kann. Das sind pro Pflanze drei bis fünf Stangen. Die anfallenden Blätter lassen sich prima wie Spinat mit Selleriearoma verkochen.

2. Die Engelwurzstängel werden besonders dünn geschält [→a].

3. Zum Kandieren werden sie in kleine Stückchen von 0,5 bis 1 cm Länge geschnitten, sodass kleine, grüne Röllchen entstehen.

4. Das Wasser wird in einem Topf erwärmt und der Zucker hineingerührt, bis er gelöst ist.

5. Die Engelwurz wird in die Zuckerlösung gegeben und zehn Minuten bei geringer Hitze sanft geköchelt [→b].

6. Die Röllchen kühlen im Topf ab, bis sie am nächsten Tag wieder erhitzt und dann nur noch fünf Minuten sanft gekocht werden.

7. Diesen Vorgang wiederholt man noch vier Tage, bis am fünften Tag mit einer Schaumkelle die Engelwurz heiß aus dem Sirup genommen wird.

8. Die kleinen Röllchen werden nun aufrecht auf ein Backblech mit Backpapier gestellt. Der heiße Sirup läuft dann gut ab und die Engelwurz klebt nicht zusammen [→c].

9. Die Röllchen können an der Luft trocknen oder für drei Stunden im Backofen bei 70° C und leicht geöffneter Tür. Sie sollten zum Schluss hart sein.

Diese Süßigkeit wird in Gläsern aufbewahrt und kann wie Schokolade genascht werden. Man kann Torten damit verzieren oder die Stängel im Advent in den Stollen einbacken. Sehr gut passen die kleinen Röllchen auch in Liköre und saure Kompotte.

[d] ZIEHT MAN DIE PFLANZEN aus Samen, lassen sich frühestens im zweiten Jahr dicke Stangen ernten. Das junge Laub ist noch zart und filigran.

DAS IST *wirklich* WICHTIG

[a] DIE STÄNGEL sind zwar so dick wie Rhabarber, aber hohl. Darum werden sie nur ganz vorsichtig und sehr dünn geschält.

[b] BEIM KANDIEREN darf die Zuckerlösung nur leicht simmern und nicht sprudelnd kochen. Die zarten Röllchen könnten sonst zerfallen.

[c] DIE LEICHTE FARBAUFHELLUNG ist normal. Fertig kandierte Produkte sind immer etwas glasig und durchscheinend.

[d]

[a]

[b]

[c]

LIEBSTÖCKEL
Ein unschlagbares Suppengewürz

KEINE ERBSENSUPPE OHNE MAGGIKRAUT, HIESS ES FRÜHER! DA DIE BLATT-
MASSE DES KRAUTES ERSTAUNLICH GROSS IST, LÄSST SICH EIN HERRLICHER
WÜRZVORRAT FÜR DEN WINTER HERSTELLEN.

Zutaten

1 Salatschüssel voll Liebstöckel-
blätter und -stängel

1 bis 2 Zwiebeln

2 EL Sonnenblumenöl

Salz nach Geschmack

1 Handvoll Majoranblättchen

Besonderes Werkzeug
- Fleischwolf oder Mixer
- Presstuch
- Kleine Fläschchen
  oder Gläser

So geht's

1. Für die Ernte werden die hohen Pflanzenteile vor der Blüte fast komplett bis zur Basis abgeschnitten. Es bleibt lediglich in der Mitte das Herz stehen. Daraus wächst die Pflanze weiter und liefert bald eine neue Ernte.

2. Anschließend werden die frisch geernteten, gewaschenen Blätter und Stängel zusammen mit den Zwiebeln in einem Fleischwolf zu Brei zerkleinert.

3. Den Brei kocht man unter ständigem Rühren etwa 15 Minuten auf kleiner Flamme [→a]. Damit die Masse nicht anbrennt, kann etwas Wasser hinzugegeben werden.

4. Nun wird der Brei durch ein Tuch abgefiltert [→b]. Der aufgefangene Presssaft wird wieder in einen Topf gefüllt und mit dem Öl auf mittlerer bis großer Flamme einreduziert [→c]. Es muss so lange Wasser verdampfen, bis nur noch die Hälfte der Ausgangsflüssigkeit im Topf ist.

5. Dieses Konzentrat kann nun nach Geschmack gesalzen werden. Zur Abrundung des Aromas schneidet man noch Majoranblättchen sehr klein und lässt sie wenige Minuten mitkochen.

6. Wegen des geringen Salzgehaltes wird das Konzentrat noch heiß in sehr kleine Fläschchen oder Gläser gefüllt. Zugeschraubt dreht man jedes Glas kurz auf den Kopf, damit die Deckelinnenseite ebenfalls erhitzt wird.

Der Inhalt ist mindestens ein Jahr haltbar. Die geöffnete Flasche sollte hingegen innerhalb von wenigen Wochen aufgebraucht werden. Diese aromatische Würze passt zu allem Deftigen wie Bratkartoffeln, Eintöpfen sowie zu Bohnen und kräftigen Soßen.

[a]

[b]

DAS IST *wirklich* WICHTIG

[a] STÄNDIGES RÜHREN ist unbedingt erforderlich, damit die Masse nicht anbrennt.

[b] DER PRESSSAFT muss mit Kraft durch das Leinentuch gedrückt werden, um möglichst wenig Aromaverluste zu haben.

[c] DURCH VERDAMPFEN entsteht ein dunkles Konzentrat. Zum Würzen reichen wenige Tropfen.

[d] AUFGEFÄDELTE STÄNGELSTÜCK-CHEN des Liebstöckels sind ein hübscher Hinweis auf den wurzigen Inhalt. Als Gefäß eignen sich auch kleine Fläschchen.

[c]

[d]

23

MEERRETTICH-PASTE
Schärfe aus der Wurzel

ALLE TEILE DIESER PFLANZE EIGNEN SICH IDEAL ZUM WÜRZEN.
DIE MEISTE SCHÄRFE HAT DIE WURZEL. MAN KANN SIE LEICHT IM
EIGENEN GARTEN ANPFLANZEN ODER BEI BEDARF AUCH KAUFEN.

Zutaten

1 kg Meerrettichwurzeln

2 EL Zitronensaft oder
Weißweinessig

Besonderes Werkzeug
- Gemüsebürste
- Feine Reibe oder
  Küchenmaschine
- Bei Bedarf Taucherbrille
- Kleine Schraubgläser

So geht's

1. Die Wurzeln werden am leichtesten mit einer Grabegabel nach einem Regentag geerntet, wenn die Erde feucht und weich ist. So brechen die Wurzeln beim Ausgraben nicht.

2. Die Erde wird mit einer harten Bürste im Wassereimer von der Wurzel abgeschrubbt. Am besten macht man diese Arbeit im Freien, denn anschließend muss die Wurzel dort fein gerieben werden.

3. Reiben Sie die saubere Wurzel mit einer sehr scharfen, feinen Reibe [→a] gegen den Wind, denn die Tränen fließen stärker als beim Zwiebelschälen. Sie können die harte Wurzel auch in einer Küchenmaschine zerkleinern, dann kommen Ihre Augen erst beim Öffnen des Gerätes mit den scharfen Senfölen in Berührung.

4. Anschließend rührt man ein wenig Zitronensaft unter den Wurzelbrei und lässt ihn zehn Minuten durchziehen [→b].

5. Nun ist die Paste fertig und kann in kleine Schraubgläser umgefüllt werden [→c].

6. Im Kühlschrank aufbewahrt, hält sich der Meerrettich einige Monate. Um die Haltbarkeit noch zu verlängern, kann Salz unter den Brei gerührt werden. Dieser muss dann eine halbe Stunde ziehen, damit man vor dem Abfüllen das Wasser abgießen kann; das Salz zieht das Wasser aus der Wurzelmasse.

Diese Paste wird in Süddeutschland traditionell zu sogenanntem „Krenfleisch" verwendet. Man reicht zum gekochten Rindfleisch eine scharfe Meerrettichsoße (Krensoße). In Norddeutschland wird das Gericht Tafelspitz mit Meerrettich genannt – ich mag diese Paste zum Lachs oder einer geräucherten Forelle, zu kaltem Braten oder im Frischkäse als Brotaufstrich.

[a]

DAS IST *wirklich* WICHTIG

[a] BEIM FEINREIBEN DER WURZEL können die Augen bei Bedarf mit einer Taucherbrille geschützt werden. Gerade die Wurzeln aus dem eigenen Garten sind oft dünner und etwas aufwendiger zu verarbeiten.

[b] DER GERIEBENE MEERRETTICH verfärbt sich leicht braun. Dies lässt sich verhindern, indem etwas Zitronensaft untergerührt wird.

[c] HAUSGEMACHT ist der Meerrettich im Glas immer ein besonderes Geschenk. Seine grünen Blätter lassen sich ebenso zum Würzen verwenden.

[c]

[b]

WASABI-PESTO

Eine kleine Kostbarkeit

DER GESCHMACK DES ECHTEN WASABI ÄHNELT TATSÄCHLICH EIN WENIG UNSEREM MEERRETTICH. DIE ETWA 12 ZENTIMETER GROSSEN BLÄTTER DIESES KOHLGEWÄCHSES ERGEBEN EIN KOSTBARES PESTO.

Zutaten

Frische Wasabi-Blätter und die gleiche Menge an Meerrettich-blättern oder mehr

¼ Tasse Öl pro Tasse Blattbrei

1 Wasabi-Wurzel (falls vorhan-den), als Ersatz ein Stückchen Meerrettichwurzel, pro Tasse Blattbrei

1 TL Salz pro Tasse Blattbrei

Da wahrscheinlich in unseren Gärten derzeit nur kleine Wasabi-Mengen vorhanden sind, kann die Blattmenge dem angepasst wer-den, was zur Verfügung steht.

Besonderes Werkzeug
▪ Fleischwolf
▪ Weckkessel
▪ Kleine Gläschen

So geht's

1. Wenn die Ernte von Meerrettichblättern im eigenen Garten nicht ausreicht, kann ersatzweise etwas Meerrettichwurzel verwendet werden. Die Wurzeln liefern die Schärfe in diesem Pesto!

2. Bei der Blatternte der Meerrettich- und Wasabipflanzen müssen die jungen, mittleren Triebe stehen bleiben, damit die Pflanze leichter weiterwachsen kann.
   Bei der Ernte der Wurzeln achtet man darauf, kleine Nebenwur-zeln in der Erde zu lassen, die dann ebenfalls weiterwachsen kön-nen.

3. Die Blätter und die Wurzel werden durch einen Fleischwolf ge-dreht. Anschließend wird das Öl in die grüne Masse gerührt.

4. Man kann das Pesto sofort oder später beim Einsatz in der Küche mit Salz abschmecken.

5. Für eine längere Haltbarkeit wird die Paste in ganz kleine Gläs-chen gefüllt und 30 Minuten bei 85° C im Weckkessel oder in der Fettpfanne des Backofens eingekocht. Achtung: Im Backofen muss die Fettpfanne mit Wasser gefüllt sein und zwischen Pfanne und Gläser ein Baumwolltuch gelegt werden. Die Einkochzeit beginnt erst, wenn das Wasser 85° C erreicht hat.

Die verschlossenen Gläser werden an einem dunklen Ort aufbe-wahrt, zum Beispiel im Schrank. Das Pesto hält mehrere Jahre. Einmal geöffnete Gläser sollten im Kühlschrank aufbewahrt und zeitnah verbraucht werden.

DAS IST *wirklich* WICHTIG

[a] AUCH FRISCHE WASABI-BLÄTTER schmecken sehr fein, wenn sie zerkleinert mit Frischkäse gemischt werden. Achten Sie bei der Blatternte jedoch immer darauf, dass einige Blätter an der Pflanze verbleiben.

[a]

ZUCKERWURZEL
Würzmischung aus Blättern

DIE ZUCKERWURZEL IST EINE ALTE NUTZPFLANZE, DIE NAHEZU IN VERGES-
SENHEIT GERATEN IST. DIE BLÄTTER LASSEN SICH ZU EINER WÜRZMISCHUNG
VERARBEITEN, DIE IN DER KÜCHE VIELSEITIG EINGESETZT WERDEN KANN.

Zutaten

1 Salatschüssel voll Zucker-
wurzelblätter

500 g Möhren

½ Sellerieknolle

1 Petersilienwurzel

3 Zwiebeln

Salz nach Geschmack

Besonderes Werkzeug
- Küchenmaschine oder
  Fleischwolf
- Backpapier
- Schraubgläser

So geht's

1. Der Geschmack der Zuckerwurzel erinnert an Petersilie, verliert sich aber im Laufe des Sommers. Darum erntet man so früh wie möglich, wenn die Pflanze eine Höhe von etwa 40 cm erreicht hat. Man schneidet das Kraut komplett bis auf 5 bis 6 cm ab. Das restliche Wurzelgemüse wird aus dem Wintervorrat genommen.

2. Sämtliches Gemüse wird geputzt [→a] und mit einer Küchenmaschine oder einem Fleischwolf zu einem Brei zerkleinert [→b]. Dann wird mit Salz abgeschmeckt.

3. Die Masse kommt nun auf ein Backblech, das zuvor mit Backpapier ausgelegt wurde [→c].

4. Das Blech wird in den Backofen geschoben und die Masse bei ca. 60° C und leicht geöffneter Ofentür so lange getrocknet, bis sie beginnt fest zu werden.

5. Um das gründliche Durchtrocknen zu beschleunigen, wendet man die Gemüseplatte, legt sie auf ein frisches Backpapier und schiebt sie anschließend wieder in den Ofen.

6. Ist die Platte hart und völlig trocken, wird sie in Stücke gebrochen und in Schraubgläser gefüllt.

Die Streuwürze mit der Zuckerwurzel passt zu allen Suppen wie Fisch-, Gemüse- und Fleischsuppen. Sie schmeckt in jedem Eintopf und auch in Bratensoßen.

DIE ZUCKERWURZEL ist mehrjährig, anspruchslos und wächst in jedem Gartenboden. Wenn sich die Wühlmäuse nicht an den schmackhaften Wurzeln vergreifen, entwickeln die Pflanzen große Horste. Lässt man die Wurzeln in der Erde, können jedes Frühjahr große, würzige Blattmengen geerntet werden.

[a]

[b]

DAS IST *wirklich* WICHTIG

[a] **DAS GESÄUBERTE GEMÜSE** wird vorweg grob zerkleinert. Dies erleichtert das Durchdrehen durch den Fleischwolf.

[b] **EINE STROM SPARENDE** Variante, um den Gemüsebrei zu gewinnen, ist der Handfleischwolf. Mit der Größe acht lassen sich auch größere Gemüsemengen verarbeiten.

[c] **DIE LEICHT GESALZENE MASSE** wird dünn auf dem Backblech verteilt. So trocknet sie sehr schnell. Hier ist auch das Trocknen an der Luft möglich, dauert aber deutlich länger.

[d] **DIE GROBEN STÜCKE** werden in einem Glas aufbewahrt. Das Aroma bleibt dann länger erhalten. So kann man die Stücke direkt vor dem Würzen noch frisch im Mörser zermahlen.

[c]

[d]

AMPFER
Saure Vielfalt

IM EIGENEN GARTEN KANN MAN VIELE KÖSTLICHE AMPFERARTEN
ANBAUEN. SIE SIND PFLEGELEICHT UND SEHR GENÜGSAM, SELBST IN
HALBSCHATTIGEN BIS SCHATTIGEN BEETEN GEDEIHEN SIE NOCH GUT.

Die Pflanzen sind mehrjährig. Werden die
Samenstände regelmäßig entfernt, bleiben die
Bestände über viele Jahre dem zugewiesenen
Standort treu und breiten sich nicht im Garten
von alleine aus.

INHALTSSTOFFE

Im Ampfer ist Oxalsäure enthalten, die dem
Körper Kalzium entzieht. Der Verzehr von zu
viel Ampfer schadet daher dem Knochenauf-
bau. Dem kann jedoch mit reichlichem Verzehr
von Milchprodukten entgegengewirkt werden.
Denken wir daran, ist das Würzen mit milden
Ampfer-Kultursorten kein Problem mehr.

MILDE GROSSE BLÄTTER

Der Gemüse-Ampfer, *Rumex patientia*, treibt
direkt nach der Schneeschmelze schon im
Vorfrühling durch. Dieser Ampfer zählt zu den
mildesten Vertretern. Er entwickelt enorm große Blätter mit einer Länge von bis zu 80 Zen-
timetern. Die Säure ist, durch Züchtung stark
reduziert, fast nicht mehr zu schmecken.
Die großen Blätter lassen sich gut füllen oder
wie Spinat zubereiten, mit einem ordentlichen
Schuss Sahne, oder wie Lasagne überbacken
mit Käse. Die Erntezeit ist im Mai beendet.

DEKORATIV UND KAUM SAUER

Der Blut-Ampfer, *Rumex sanguineus*, gedeiht
am besten an einem sonnigen Platz im Garten.
Im Licht werden seine schönen, roten Blatt-
adern wesentlich kontrastreicher und haben
neben dem Genusswert auch einen besonderen
Zierwert. Schon darum gehört er in jeden
Kräutergarten.
Seine Säure ist wesentlich geringer als beim
traditionellen Sauerampfer, *Rumex acetosa*.
Ich mag den Blut-Ampfer als Salatbeigabe.
Hier können junge, zarte Blätter im Ganzen
oder nur grob auseinandergezupft verwendet
werden.
Sobald die Pflanze zu blühen beginnt, sind die
Blätter hart und werden nicht mehr geerntet.

MIT VIEL SÄURE

Von dem Großen Sauerampfer, *Rumex acetosa*, verwende ich nur eine Auslese, die Sorte
'Profusion'. Hier bleiben die Blätter länger zart
und saftig als bei den Wildformen. Allerdings
enthält er reichlich Oxalsäure, weshalb er nur
in geringen Mengen im Frühling verwendet
werden sollte. Die großen Blätter eignen sich
hervorragend zum Einwickeln von Gemüse
und dienen als Ersatz für Weinblätter.

SCHILD-SAUERAMPFER
in Salz

SEINE BLÄTTER HABEN DIE FORM EINES KLEINEN SCHILDES UND SIND
ETWAS DICKFLEISCHIG. SIE GEBEN SPEISEN DEN BESONDEREN PFIFF.
IN SALZ EINGELEGT, KANN MAN EINEN AROMATISCHEN VORRAT ANLEGEN.

Zutaten

3 Tassen Schild-
Sauerampferblättchen

1 Tasse Salz

Besonderes Werkzeug
- Gefäß mit Deckel

So geht's

1. Für einen kleinen Ampfervorrat werden die Blättchen des Schild-Sauerampfers gepflückt. Die beste Erntezeit ist der späte Vormittag, wenn der Morgentau abgetrocknet ist. Die Blättchen müssen gut trocken sein, um später im Salz nicht zu viel Wasser zu ziehen.

2. Sorgfältig verlesen, werden die Ampferblätter fein geschnitten und mit dem Salz gut vermischt.

3. Abschließend füllt man die Mischung in ein Gefäß mit Deckel. Das Gewürz sollte am besten im Kühlschrank aufbewahrt werden, dort hält es einige Monate.

Das Schild-Sauerampfer-Salz eignet sich hervorragend zum Füllen von Fischen oder zum Säuern eines Salatdressings. Es verleiht den Speisen ein besonders erfrischendes Aroma.

FÜR EIN SCHNELLES PESTO werden Rucola-Blätter oder Wildkräuter sowie einige ungesalzene, geröstete Erdnüsse durch den Fleischwolf gedreht und dann mit dem Ampfersalz gewürzt. Mit einem feinen Speiseöl verrührt, passt das Pesto gut zu Spaghetti.

DAS IST *wirklich* WICHTIG

[a] DAS SCHILD-SAUERAMPFER-SALZ sollte am besten im Kühlschrank aufbewahrt werden, dort hält es einige Monate.

[a]

DUFT-VEILCHEN
edel kandiert

VEILCHEN VERMEHREN SICH SCHNELL IM GARTEN, SODASS SIE
AUF GANZ BESONDERE WEISE KONSERVIERT WERDEN KÖNNEN.
SIE LASSEN SICH EDEL KANDIEREN.

Zutaten

Frische Duft-Veilchenblüten,
etwa ein Schüsselchen voll

1 Eiklar

1 Tasse feinster Kristallzucker

Besonderes Werkzeug
- Handschneebesen
- Weicher Malpinsel
- Backpapier
- Schöne Schachtel

So geht's

1. An einem trockenen Vormittag im Frühling, wenn die Duft-Veilchen *(Viola odorata)* gerade aufgeblüht sind, werden die zarten Blümchen gepflückt. Ein kurzer Stängel sollte an jedem Veilchen bleiben, um es beim Kandieren besser festhalten zu können. Die Blüten müssen absolut trocken und sauber sein. Waschen schadet den filigranen Gebilden und verhindert das Anhaften des Eiklars.

2. Mit einem Handschneebesen auf einem tiefen Teller das Eiklar aufschlagen. Es darf nicht fest werden, nur leicht schaumig.

3. Die kleinen Blüten müssen nun mithilfe eines weichen Pinsels mit Eiklar benetzt werden [→a]. Das Eiklar dient nur als Kleber für den Zucker, der danach aufgetragen wird.

4. Je dünner die Eiweißschicht und der Zucker, umso deutlicher bleibt die Blütenstruktur erhalten. Darum wird der Zucker sehr vorsichtig mit einem Teelöffel von allen Seiten auf die Blütchen gestreut [→b].

5. Zum Trocknen legt man die Blüten auf ein Backblech mit Backpapier. Im Backofen trocknen die Blüten bei 50° C etwa in einer Viertelstunde. Dabei bleibt die Ofentür einen Spalt breit geöffnet.

Die getrockneten Blüten lassen sich bis zu einem Jahr in einer Schachtel aufbewahren. Mit ein paar kandierten Veilchen werden Obstsalate, Gelees, Torten, Pralinen und Süßspeisen garniert und auf diese Weise zu etwas ganz Besonderem.

HERZHAFT Auch Quiche, Pizza, Kräuterbutter oder Frischkäse werden mit dem hübschen Blau von frischen oder getrockneten Veilchenblüten zum Augen- und Gaumenschmaus.

DAS IST *wirklich* WICHTIG

[a] NUR AN BLÜTENTEILEN, die mit Eiklar benetzt sind, haftet der Zucker. Zum Auftragen des Eiweißes haben sich Rotmarderpinsel bewährt. Sie sind weich genug für die zarten Blüten.

[a]

[b]

[b] DIE BLÜTEN MÜSSEN GLEICH-MÄSSIG mit Zucker bestreut werden. Hier eignet sich nur ein extrafeiner Zucker. Zur Not gibt man den einfachen Haushaltszucker kurz in den Mixer.

[c] VERPACKEN lassen sich die kandierten Blüten erst, wenn sie hart getrocknet sind.

[c]

SCHLEHEN-BLÜTEN
Zuckersüßer Mandelduft

DER MANDELDUFT DER FRÜHEN SCHLEHENBLÜTEN LOCKT
IM GARTEN DIE ERSTEN BIENEN AN. UND ES IST GANZ EINFACH,
DIESES AROMA IN EINEM WÜRZZUCKER EINZUFANGEN.

Zutaten

2 bis 3 Tassen voll
Schlehenblüten

500 g brauner Krümelzucker

Besonderes Werkzeug
▪ Hübsches Glas

So geht's

1. Im zeitigen Frühjahr beginnt bereits die Blüte der Schlehe *(Prunus spinosa)*. An einem trockenen Vormittag werden die frisch geöffneten Schlehenblüten geerntet. Sie sollten unbedingt völlig trocken sein, nicht angeregnet oder vom Tau benetzt. Zucker ist hygroskopisch und wird klumpig, wenn er nass wird. Sehr gründlich muss das Blüteninnere kontrolliert werden, um etwaige Tierchen herauszuschütteln.

2. So frisch wie möglich schichtet man nun die Blüten ohne Stängel abwechselnd mit dem Zucker in ein Glas [→a]. Dabei sollten Zucker und Blüten möglichst wenig vermischt werden, um später beim Süßen keine Blütchen im Getränk oder der Speise zu haben. Werden alle Blüten nur unten in das Glas geschichtet, kann der verbrauchte Zucker mit frischem wieder aufgefüllt werden, solange die Blüten duften.

Der aromatisierte Zucker hält viele Jahre lang. Wer mag, kann nach zwei bis drei Monaten die Blüten vom Zucker trennen. Das geht zum Beispiel mit einem Haushaltssieb.

DAS MANDELAROMA der Schlehenblüten ist sehr kräftig. Auch ein Blütenlikör mit weißem Kandis, Wodka und einem Sträußchen Waldmeister, über sechs Wochen angesetzt und anschließend abgefiltert, ist ein Hochgenuss.

DAS IST *wirklich* WICHTIG

[a] DAS AROMA der kleinen Blüten ist sehr zart und flüchtig. Daher werden sie nach der Ernte direkt in den Zucker gegeben.

[b] BEI GROBEM ZUCKER werden eher kleine Gefäße befüllt und die Blüten einlagig auf den Boden des Gefäßes gegeben. So können die Blüten aus einer Schicht den gesamten Zucker aromatisieren.

[a]

[b]

TRIPMADAM
Staude mit Paprikageschmack

DIE TRIPMADAM GEHÖRT ZU DEN FLEISSIGSTEN VITAMINLIEFERANTEN IM GARTEN. DER GESCHMACK DER DICKFLEISCHIGEN, SAFTIGEN BLAU-GRÜNEN NADELN ERINNERT AN GRÜNEN PAPRIKA.

Zutaten

Frische Nadeln der Tripmadam

Besonderes Werkzeug
- Schere
- Korb

So geht's

1. Dieses Gewürz sollte nie getrocknet werden, um das zarte Aroma nicht zu verderben. Daher werden die 3 bis 4 cm langen Triebspitzen vom Frühjahr bis zum Herbst frisch geerntet und sofort verzehrt. Im Kühlschrank können sie drei bis vier Tage aufbewahrt werden.

2. Mit den dickfleischigen, sukkulenten Nadeln an runden Stängeln sieht die Pflanze etwas aus wie eine Zimmerkaktee. Zum Verzehr werden die Nadeln mit einem scharfen Messer stecknadelkopfklein geschnitten, man kann aber auch die ganzen Triebspitzen verarbeiten.

Das frische Kraut verfeinert mit seinem erfrischenden, leicht würzigen Geschmack Frühlingssalate und Kräuterquarks. Für einen kleinen Moment kann es im Mund etwas zusammenziehend wirken (adstringierend), da es die gesunden Gerbstoffe enthält.

OB IM GARTEN, auf der Terrasse oder dem Balkon, diese Pflanze gibt niemals auf. Sie ist mehrjährig, absolut anspruchslos und völlig winterhart. Für reichlich Sonne ist sie allerdings dankbar. Schade, dass sich die Tripmadam so bescheiden aus unseren Küchen zurückgezogen hat.

DAS IST
wirklich
WICHTIG

[a] WER SO EIN NETTES KÖRBCHEN als Geschenk bekommt, sollte unbedingt eine Triebspitze in die Erde stecken. Sie schlägt Wurzeln und wächst sofort weiter.

[a]

SOMMER
Zum Verwöhnen

DER SOMMER IST VOLLER AROMEN, DIE NUR DAR-
AUF WARTEN, ENTDECKT ZU WERDEN. VERWÖHNEN
SIE IHRE LIEBEN MIT EDLEN RAUCHGEWÜRZEN AUS
DEN FRÜCHTEN DES SOMMERS WIE TOMATE, PAPRI-
KA UND CHILI. ODER BRINGEN SIE MIT ARONIA UND
RINGELBLUME FARBIGE WÜRZE IN IHRE SPEISEN.

ARONIA-PULVER
Hier kommt Farbe ins Spiel

DIE ARONIA IST EIN DEKORATIVER STRAUCH, DER SICH LEICHT KULTIVIEREN LÄSST. SEINE VITAMINREICHEN, SCHWARZEN BEEREN LASSEN SICH ZU EINEM AUSSER- GEWÖHNLICHEN WÜRZPULVER FÜR DIVERSE GETRÄNKE VERARBEITEN.

Zutaten

500 g frische Früchte ergeben etwa 100 g Beerenpulver

Besonderes Werkzeug
- Backpapier
- Kaffeemühle oder Mixer, für kleine Mengen auch einen Steinmörser
- Bei Bedarf Dörrautomat
- Schraubglas

So geht's

1. Die Beeren werden an einem trockenen Vormittag ab Ende August geerntet. Dafür sollten Sie den Strauch spätestens ab Ende Juli mit einem Vlies vor Vogelfraß schützen.

2. Dann breitet man die Aronia-Beeren, auch Apfelbeeren genannt, auf einem mit Backpapier belegten Backblech einlagig aus [→a] und lässt sie einige Stunden bei 50 bis 60° C trocknen. Dabei bleibt die Ofentür einen Spalt weit geöffnet, damit die Feuchtigkeit aus- treten kann. Die fertigen Aronia sind steinhart.
Das Trocknen funktioniert ebenso auf einem Tuch an der Luft, dauert dann aber einige Tage. Ein Dörrautomat kann für eine schnelle Trocknung ebenfalls sehr hilfreich sein.
So sauer und adstringierend die frischen Früchte sind, umso an- genehmer und milder sind die getrockneten Beeren.

3. Für die Herstellung des Aronia-Pulvers benötigt man entweder eine ausrangierte Kaffeemühle, einen Mixer oder für kleine Men- gen auch einen Steinmörser. Die frisch getrockneten, noch harten Früchte lassen sich am feinsten vermahlen [→b].

4. Das fertige Pulver wird in einem Schraubglas aufbewahrt und an einem dunklen Ort gelagert [→c]. Bei Tageslicht verblasst schnell die Farbe, die bei diesem Gewürz das Wichtigste ist.

Man kann Mixgetränke wie Joghurtdrinks oder Milch-Shakes und Smoothies verfeinern oder Süßspeisen, Tortencremes und Speise- eis damit färben.
Das kräftig rotviolette Fruchtpulver wird einfach in die Creme oder Flüssigkeit eingerührt und ist nicht nur eine tolle Lebensmittel- farbe, sondern ein leicht fruchtiges Sauergewürz. Die verwendete Menge richtet sich nach dem persönlichen Geschmack.

[a]

[b]

DAS IST *wirklich* WICHTIG

[a] BEEREN brauchen zum Trocknen mehr Zeit als Blätter. Um sie zügig zu dörren, ist eine Heizquelle wie der Backofen ideal. Auch das Innere der Frucht muss trocken sein, um Schimmelbildung zu verhindern.

[b] STEINHART lassen sich die Aronia am besten zu einem Pulver vermahlen. Lässt man die Dörr-früchte an der Luft liegen, werden sie wieder etwas weich.

[c] DIE KRÄFTIGE FARBE hält sich nur, wenn das Pulver im Schrank dunkel aufbewahrt wird.

[c]

FELSEN-KIRSCHE
mit Vanille- und Mandelduft

DIE FRÜCHTE DER FELSEN-KIRSCHE SIND EIN HERRLICHES GEWÜRZ. DAS INNERE DER KERNE DUFTET NACH VANILLE, MANDELN UND TONKABOHNE SOWIE NACH FRISCHGEBACKENEM GRIECHISCHEM OSTERBROT.

Zutaten

Dunkle, reife Früchte der Felsen-Kirsche *(Prunus mahaleb)*

Bei Bedarf Zucker

Besonderes Werkzeug
- Passiermühle
- Nussknacker
- Papiertütchen oder Gläser
- Mörser oder Kaffeemühle

So geht's

1. Zur Herstellung des Gewürzes werden die dunklen, reifen Früchte benötigt, die man pflücken, aber auch von der Erde aufsammeln kann. Schließlich geht es hier nur um den Samen. Je weicher die Samenhülle, umso leichter lässt sie sich entfernen. Erntezeit ist etwa Mitte bis Ende Juni.
Um die Samenhülle zu entfernen, ist eine Flotte Lotte sehr hilfreich [→a]. Das restliche Fruchtfleisch wird mit Wasser abgespült und die Samen werden mit einem Baumwolltuch trocken gerieben.

2. Das Knacken der kleinen Samenschale ist etwas aufwendiger [→b]. Stufenweise gekerbte Nussknacker oder Hummerzangen haben sich bestens bewährt. So gelangt man endlich an das aromatische Innere.

3. Die Kerne werden mindestens eine Woche an der Luft getrocknet und dann in Papiertütchen oder Gläser abgefüllt.
Sie können trocken bis zur nächsten Saison aufbewahrt werden.

Um Süßspeisen oder Gebäck damit zu würzen, werden wenige Samen zusammen mit der gleichen Menge Zucker in einem Mörser zerkleinert [→c]. Für einen Likör reicht es, die Samen nur grob zu zerstoßen. Das Aroma wird intensiver, wenn die getrockneten Samen fünf Minuten in einer Pfanne auf dem Herd geröstet und dann erst gemahlen werden.

DIE FRÜCHTE der Felsen-Kirsche sind rot-schwarz und bleiben klein. Sie bestehen im Wesentlichen aus dem Samen mit ganz wenig Fruchtfleisch drumherum. Als unangenehm und bitter würde man diese Früchte bezeichnen, jedenfalls nicht als Naschobst. Daher werden in der Küche ausschließlich die kleinen, weichen Kernchen im Inneren des harten Fruchtkernes verwendet – das eigentliche Gewürz.

[a]

[b]

DAS IST *wirklich* WICHTIG

[a] JE WEICHER DIE FRÜCHTE SIND, umso leichter lässt sich das Fruchtfleisch vom Kern befreien. Das Fruchtfleisch selbst schmeckt unangenehm.

[b] DIE HARTE SCHALE muss geknackt werden, um an das nussähnliche Innere zu gelangen. Vom gekerbten Nussknacker haben wir den letzten, unteren Zahn abgeschliffen, um die kleine Frucht leichter knacken zu können.

[c] KURZ VOR GEBRAUCH werden die Nüsschen geröstet und anschließend im Mörser mit Zucker vermahlen.

[d] KLEINE PORTIONEN dieser Gewürzrarität können gemahlen verschenkt werden. Es ist auf jeden Fall ein sehr kostbares und edles Gewürz.

[d]

[c]

SASSAFRAS-BAUM
Soßenbinder aus den Südstaaten

IM FRÜHJAHR ENTFALTET DER SASSAFRAS-BAUM SEINE BLÄTTER. SIE
SIND FEST, ÄHNLICH WIE LORBEERBLÄTTER, UND KÖNNEN IN DER KÜCHE
ALS AROMATISCHES FILETPULVER EBENSO VERWENDET WERDEN.

Zutaten

Einige Blätter des Sassafras-
Baumes (wird auch Fenchelholz-
baum oder Nelkenzimtbaum
genannt)

Besonderes Werkzeug
- Mörser oder Mixer
- Schraubglas

So geht's

1. Am späten Vormittag werden einige vom Tau getrocknete, saubere Blätter geerntet [→a].

2. Sie werden grob zerrupft und maximal eine halbe Minute trocken in einer Pfanne geröstet, bei ständigem Umrühren natürlich.

3. Anschließend trocknet man die Blätter an der Luft weiter.

4. Wichtig ist, dass die Blätter so trocken sind, dass sie in einem Mörser oder Mixer zu einem grünen Pulver vermahlen werden können. So entsteht das berühmte Filetpulver für das original „New Orleans Seafood Gumbo".

Das fertige Pulver lässt sich in einem Schraubglas aufbewahren. Um es vor dem Ausbleichen zu schützen, wird es in einen Schrank gestellt.

SPANNENDE BLÄTTER Die Blätter des Sassafras-Baumes sind in Form dieses Filetpulvers ein fester Bestandteil der Südstaatenküche der USA. Die Amerikaner lieben das milde, zarte Aroma, das zu jedem echten Gumbo gehört, einem Fischgericht mit Reis in einer herrlichen Soße. Darum wird dieses Gewürz auch Gumbo-Powder genannt. Das Erstaunlichste ist seine andickende Eigenschaft. Das Pulver muss dazu aber immer in eine warme Flüssigkeit eingerührt werden. Kocht es zu lange, wird aus einer Soße schnell mal ein Pudding.

DAS IST
wirklich
WICHTIG

[a] ERNTEN SIE ruhig einige trockene Blätter für den Wintervorrat. Aus den Blattachseln wachsen wieder neue heraus.

[b] DIE VÖLLIG TROCKENEN BLÄTTER können grob zerstoßen oder fein gemahlen in Gläsern aufbewahrt werden. Es ist nur wichtig, dass sie in der Küche als feinstes Pulver eingesetzt werden.

[b]

GRÜNMEHL
Würze aus Baumblättern

DER GEMÜSEBAUM IST EIN KLEINES BÄUMCHEN MIT AROMATISCHEN BLÄTTERN, DIE UNERMÜDLICH AN DER PFLANZE NACHWACHSEN. AUS IHNEN ENTSTEHT EIN INTENSIVES GRÜNMEHL ZUM WÜRZEN.

Zutaten

Einige Blätter des Gemüse-baumes *(Toona sinensis)*

Besonderes Werkzeug
- Dörrautomat, alternativ Backofen
- Mixer oder Mörser
- Schraubglas

So geht's

1. Die aromatischen Blätter werden an einem trockenen Tag geerntet (siehe auch Seite 50/51).

2. Sind einige warme Sommertage zu erwarten, können die Blätter an der Luft getrocknet werden. Ein zügiges Trocknen ist absolut wichtig, um einen Aromaverlust zu verhindern. Im Backofen oder Trockenofen ist das Dörren sicherer. Temperaturen zwischen 50 und 70° C verringern die Dörrzeit erheblich.

3. Völlig rösche, getrocknete Blätter können dann im Mixer oder Mörser zu einem Pulver vermahlen werden.

4. Das fertige Würzmehl hält sich im Schraubglas im Schrank bis zur nächsten Saison.

Dieses Gewürz ist sehr mild und angenehm aromatisch. Es erinnert ganz entfernt an Liebstöckel mit Zwiebel und Pfeffer – ich rühre es gerne an Eintöpfe, die dann auch etwas sämiger werden. Kartoffel-plätzchen aus Stampfkartoffeln und Ei halten besser in der Pfanne und schmecken sehr gut mit Toona. Ebenso schmeckt dieses Blatt-pulver gut an Pilzgerichten.

DAS FRISCHE BLATT kann durchaus als Gemüse zubereitet werden. Daher stammt auch der deutsche Name des Baumes. Das Aroma erinnert an Sellerieknolle mit leichter Magginote und eben dem Toona. Entwickelt der Gemüsebaum mit den Jahren große Blattmengen, lohnt es sich, die Blätter durch den Fleischwolf zu drehen, um den Presssaft aus dem Brei zu einer Würzsoße einzukochen, ähnlich wie bei der Liebstöckelstaude, siehe Seite 22.

DAS IST *wirklich* WICHTIG

[a] GETROCKNETE BLÄTTER, grob zerstoßen, haben einen duftigen Vorteil. Pulverisiert man sie erst vor dem Kochen, verströmen sie ein intensiveres Aroma.

[a]

GEMÜSEBAUM
Essbare Pflanzenpersönlichkeit

DER GEMÜSEBAUM, *TOONA SINENSIS*, IST EINE SEHR INTERESSANTE PFLANZE. IHN ALS BAUM ZU BEZEICHNEN, IST ETWAS GEWAGT. SEINE ENDGRÖSSE BETRÄGT IN UNSEREM KLIMA MAXIMAL ZWEI METER.

GUTER STANDORT

Der Gemüsebaum stammt aus Nordchina und mag in unseren Breiten, solange er jung ist, keine allzu strengen Fröste. Darum ist es sinnvoll, in den ersten Jahren die Pflanze ein wenig vor der Winterkälte zu schützen. Hat sich dann ein gut verholzter Stamm entwickelt, ist er auch bei uns richtig winterhart. Einjährige Zweige können allerdings bei sehr niedrigen Temperaturen trotzdem zurückfrieren.

PFLEGE

Der Baum wirft im Herbst sein Laub ab, um im Frühjahr wieder mit großen, gefiederten Blättern auszutreiben. Die jungen Triebspitzen sind rötlich und genau diese schmecken besonders gut und zart. Man muss auch nicht mit der Ernte haushalten. Je häufiger die jungen Triebe geschnitten werden, umso mehr verzweigt sich das Bäumchen und bekommt eine richtige kleine Krone mit vielen frischen Jungtrieben. Regelmäßiges Ernten der Blätter fördert den Austrieb.

Um ständig Nachschub produzieren zu können, ist ein Düngen mit Kompost im Frühsommer von Vorteil. Auch das regelmäßige Wässern ist wichtig.

HEILPFLANZE DER CHINESEN

Was uns Europäern als Gewürz oder Gemüse dient, nutzen Chinesen traditionell noch als Heilpflanze. *Toona sinensis* wird als ganze Pflanze, vom Kraut bis zur Wurzel, gegen Blutungen, Durchfall und Entzündungen eingesetzt.

Seine Rinde soll blutreinigend und harntreibend sein – auch das ist gut zu wissen und spornt mich noch mehr an, diese Pflanze zu nutzen und zu pflegen.

GEMÜSEBAUM AUS SAMEN ZIEHEN

Der Gemüsebaum kann aus Samen gezogen werden. Dafür weicht man die Samen 24 Stunden in warmem Wasser ein. In etwas feuchtem Sand werden sie vier bis sechs Wochen im Kühlschrank bei ca. 5° C kühl gelagert, damit sie anschließend besser keimen, das sogenannte Stratifizieren.

Die Aussaat erfolgt dann bei etwa 20° C in Töpfen in ein leicht sandiges Substrat. Die Erde darf auf keinen Fall austrocknen. Zwei bis drei Jahre müssen die Jungpflanzen nun bei mindestens 5° C überwintern, bevor man sie unserem Winter überlässt.

RINGELBLUME
Heimischer Safran-Ersatz

DIE RINGELBLUME IST NICHT NUR EINE GROSSARTIGE HEILPFLANZE, SONDERN AUCH NOCH SEHR FRISCH UND FRUCHTIG IM AROMA MIT BESTEN FÄRBEEIGENSCHAFTEN FÜR LEBENSMITTEL.

Zutaten

Frische Blütenblätter der Ringelblume

Besonderes Werkzeug
- Dörrautomat, alternativ Heißluftherd
- Backpapier
- Gefäß mit Deckel

So geht's

1. Die Ringelblumen werden ab etwa Juni mindestens zweimal in der Woche durchgeerntet. Je weniger es zur Samenbildung kommt, umso reicher ist die Blütenproduktion. Gezupft werden nur die kräftig dunklen, orangefarbenen Blüten.

2. Für den Safranersatz ist die Farbe wichtig, daher trocknet man die Blüten nicht in der Sonne. Die Blüten können sonst leicht verblassen. Der geeignete Platz zum Dörren ist in diesem Fall der Heißluftherd oder ein Dörrautomat.

3. Säuberlich ausgezupft [→a] werden die schmalen Blütenblättchen auf mit Backpapier ausgelegten Backblechen einlagig ausgebreitet.
   Bei einer Ofentemperatur von nur 45° C erfolgt dann die Trocknung schonend, aber zügig. Die Ofentür bleibt dabei einen Spalt weit geöffnet, damit die feuchte Luft aus dem Ofen entweichen kann. Beginnen die Blüten bei Berührung mit den Fingern zu brechen, ist der Trockenvorgang beendet.

4. Zum Aufbewahren werden die Ringelblumen in ein Gefäß mit Deckel, z. B. hübsches Schraubglas, gefüllt. Sie müssen dunkel gelagert werden, denn auch getrocknet verblassen die Farben der Blüten bei Lichteinwirkung schnell.

Die getrockneten Blüten werden in der Küche wie Safran verwendet. Im Ganzen oder zu einem Pulver gemahlen färben und würzen sie Butter, Reisgerichte, Quark oder Süßspeisen. Man benötigt allerdings zehn Mal soviel, als würde man mit echtem Safran färben.

ZU KRÄUTERTEE-MISCHUNGEN passt die Ringelblume ebenso und die gesundheitsfördernde Wirkung bleibt dank schonender Trocknung erhalten.

[a]

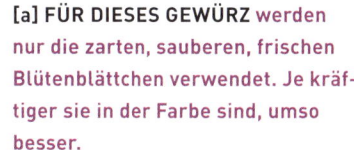

DAS IST *wirklich* WICHTIG

[a] FÜR DIESES GEWÜRZ werden nur die zarten, sauberen, frischen Blütenblättchen verwendet. Je kräftiger sie in der Farbe sind, umso besser.

[b] UM DIE INTENSIVE FARBE zu bewahren, sollten die getrockneten Blüten unbedingt vor Lichteinwirkung geschützt werden.

[b]

BERG-BOHNENKRAUT-SALZ
mit leichtem Zitronenaroma

DAS MEHRJÄHRIGE BERG-BOHNENKRAUT BLÜHT IM HOCHSOMMER UND
ENTWICKELT IN VOLLER SONNE EIN EXTREM STARKES AROMA. SEINE
ÄTHERISCHEN ÖLE SIND DAHER IDEAL, UM EIN SALZ ZU PARFÜMIEREN.

Zutaten

Berg-Bohnenkraut *(Satureja montana)*, alternativ Sommer-Bohnenkraut *(Satureja hortensis)*, das milder im Geschmack ist.

Für 100 g Salz mindestens 15 g getrocknete Blättchen.

Besonderes Werkzeug
▪ Schraubglas

So geht's

1. Die frisch aufgeblühten Zweige werden an einem trockenen Vormittag geerntet.

2. Um sicherzugehen, dass die winzigen Blättchen richtig trocken sind, werden sie einige Stunden an der Luft vorgetrocknet.

3. Dann schneidet man die Zweige in Stücke oder reibt nur die Blättchen ab [→a] und schichtet sie abwechselnd mit dem Salz in ein Schraubglas. Jede Schicht kann etwa 1 cm dick sein.

3.a Auch ganze Bohnenkrautzweige können eingelegt werden. Dazu das Glas zur Hälfte mit Salz befüllen und das Kraut am Stück in das Glas einlegen. Anschließend komplett mit Salz auffüllen.

4. Das Salz nimmt in wenigen Wochen das Aroma der Blättchen an. Die kompletten Zweige können später gebündelt in Bohnengerichten mitgegart und vor dem Verzehr herausgenommen werden.

Das Salz bleibt im verschlossenen Glas einige Monate würzig, aromatisch. Es hat ein leichtes Zitronenaroma und passt gut zu Gemüsegerichten sowie zum Grillen und Marinieren.

RAUCHIGE WÜRZE Bohnenkraut erzeugt beim Verglimmen im Feuer ein angenehmes Raucharoma für das Grillgut. Dafür bewahrt man immer die dickeren, nicht benötigten Stängel auf, siehe auch Seite 115.

[a]

DAS IST *wirklich* WICHTIG

....

[a] AB 11 UHR VORMITTAGS ist meist der Tau von den Pflanzen abgetrocknet. Das ist der beste Zeitpunkt für die Ernte des Berg-Bohnenkrautes.

[b] AUCH EIN GROBES SALZ nimmt dieses kräftige Aroma schnell auf. Das dekorative blühende Kränzchen kann natürlich noch getrocknet in der Küche verwendet werden.

[b]

CURRY-AROMA
aus dem eigenen Garten

DER DUFT DES CURRYSTRAUCHES ERINNERT AN DAS BEKANNTE PULVER. KRÄFTI-GE SCHMORGERICHTE, EINTÖPFE MIT FLEISCH ODER FISCH PROFITIEREN EBENSO WIE REISGERICHTE VON DIESER INTERESSANTEN NOTE IN FRISCHER FORM.

Zutaten

Frische blühende Stängel des Currystrauches *(Helichrysum italicum* 'Dartington'*)*

Besonderes Werkzeug
- Schönes Band oder Schnur

So geht's

1. Die hübschen, gelben Blüten zeigen sich von Juni bis August. Man pflückt die silbrigen Zweige, wenn sie gerade frisch aufge-blüht sind. Das ist die beste Zeit für die Ernte.

2. Kopfüber werden sie dann gebündelt zum Trocknen aufgehängt.

3. Sind sie trocken, kann man sie als stabiles Sträußchen hübsch verziert gut verschenken.

Die Zweige des Currystrauches werden im Ganzen in den Speisen mitgegart und dann wieder aus dem Essen entfernt. Die Bitterstoffe sind gesund und wirken entgiftend.

DIE PFLANZE BLÜHT nach dem ersten Schnitt noch etwas nach. Wer diese Staude in den Garten pflanzt, sollte ihr einen sonnigen und mageren Stand-ort geben. Staunässe muss unbedingt vermieden werden. Gibt man ihr Dünger, wächst sie zu kräftig und das Holz reift bis zum ersten Frost nicht mehr aus. Das kann die Winterhärte beeinträchtigen. Die Sorte 'Dartington' verströmt ein besonders intensives Curryaroma.

DAS IST *wirklich* WICHTIG

[a] **DIESES KLEINE, HÜBSCHE STRÄUSSCHEN** kann schon sehr vielen Mahlzeiten eine pikante Würze verleihen. Für das Curry-kraut gilt: Weniger ist mehr.

[a]

CHILI
Feuriges zum Räuchern

MANCHES MAG MAN RICHTIG SCHARF. GUT, DASS ES DIE CHILI GIBT.
FÜR DAS RAUCHGEWÜRZ EIGNEN SICH AM BESTEN MITTELSCHARFE
SORTEN, DA SO DIE RAUCHIGE NOTE BESSER ZUR GELTUNG KOMMT.

Zutaten

Frische Chilifrüchte

Die gewonnene Menge an Gewürzpulver hängt vom Wassergehalt der Schoten ab und kann zwischen 30 und 50 % liegen.

Besonderes Werkzeug
- Dörrautomat, alternativ Heißluftherd
- Räuchergerät oder Kugelgrill
- Buchen-/Räucherspäne
- Schraubgefäß

So geht's

1. Die Chilis werden geerntet, wenn sie die gewünschte Farbe erreicht haben. Das kann gelb, rot, violett oder schwarz sein, je nach Sorte. Man zwickt die einzelnen Früchte mit den Fingernägeln ab oder schneidet sie mit der Schere vom Zweig.

2. Die Chilis können bei Bedarf zuerst gewaschen werden. Die abgetrockneten Früchte werden dann längs aufgeschnitten [→a], von den Trennwänden, den Samen im Inneren sowie dem Stielansatz befreit.

3. Die Fruchtstücke müssen zunächst getrocknet werden. Das kann im Dörrautomaten, im Heißluftherd bei ca. 60° C oder an der Luft erfolgen. Wichtig ist nur, dass sie möglichst schnell hart und trocken werden und nicht bei hoher Luftfeuchtigkeit schimmeln.

4. Wer ein Räuchergerät besitzt, kann im Anschluss die harten Chilistücke zwei Stunden auf Buchenspänen heiß räuchern.

5. Räuchern kann man aber auch in einem geschlossenen Kugelgrill. Wichtig ist, dass die Glut am Boden des Grills durch eine Alufolie oder einen Teller von den Holzspänen getrennt wird [→b]. Die Späne dürfen nur glimmen, siehe auch Seite 115. Das Gewürz nimmt eine bräunliche Farbe an.

6. Diese nach Rauch duftenden Schotenstücke werden anschließend in einem Schraubglas aufbewahrt und halten sich mehrere Jahre.

Wer mit einem ganzen Stück Chili würzt, kann es bei erreichter Schärfe dem Essen wieder entnehmen. Bei der Verwenndung von Pulver lässt sich die Schärfe schwieriger regulieren. Sie steigert sich, solange das Essen kocht. Auch beim Aufwärmen legt die Schärfe noch einmal zu – gemahlenes Chilipulver stelle ich daher nur auf den Tisch, um die Speise bei Bedarf nachwürzen zu können.

[a]

[b]

[c] BEI CHILIS GIBT ES die Schärfe-grade 1 bis 10. Ein kleiner Hinweis auf der Geschenkverpackung kann nicht schaden. 'Habanero' und 'Naga-Jolokia-Chili' sind die schärfsten Sorten der Welt.

DAS IST *wirklich* WICHTIG

[a] VOR DEM TROCKNEN ist es vor-teilhaft, die Schoten aufzuschneiden. Die Chilis trocknen so schneller. Zudem nehmen halbierte Schoten mehr Raucharoma auf.

[b] DURCH DEN RAUCH bekommen die Schoten eine bräunliche Farbe. Die Holzspäne sollten dabei nur glimmen und nicht brennen.

[c]

PAPRIKA-RAUCH-PULVER
Würzen ohne Schärfe

DIE GRÜNE GEMÜSEPAPRIKA ZÄHLT ZU DEM MILDESTEN, WAS MAN ALS PAPRIKA KENNT. FÜR DIESES GEWÜRZ WIRD DIE PAPRIKA UNREIF, ALSO NOCH GRÜN, GEERNTET. DAS PULVER DARAUS IST SEHR AROMATISCH UND NICHT SCHARF.

Zutaten

1 kg frische, grüne Paprika

Ergibt etwa 250 bis 400 g Pulver, je nach Wassergehalt der Frucht

Besonderes Werkzeug
- Räuchergerät oder Kugelgrill
- Buchenmehl zum Räuchern
- Kaffeemühle oder Mixer
- Aromadichtes Gefäß

So geht's

1. Sind im Garten die Paprika ausgewachsen, aber noch grün, schneidet man einige mit der Schere ab. Das fördert die Blüten- und weitere Fruchtbildung. Alle Früchte, die zum Ende der Saison nicht mehr reif werden, können dann ebenso verarbeitet werden.

2. Die sauberen grünen Gemüsepaprika werden zunächst aufgeschnitten und von den weißen Kammerwänden, dem Stielansatz sowie den Samen befreit [→a].

3. Anschließend lässt man die Gemüsestücke trocknen, entweder auf einem Tuch ausgebreitet, auf eine Schnur gezogen und aufgehängt oder im Heißluftherd bei 60° C.

4. Erst die harten, trockenen Paprikastücke können weiterverarbeitet und geräuchert werden.

5. Am einfachsten ist das Räuchern in einem Räuchergerät aus dem Anglerbedarf, einer gebastelten Räuchertonne oder einem Räucherschrank. Es funktioniert aber ebenso in einem einfachen Kugelgrill, siehe Seite 115. Zum Räuchern verwende ich gern Buchenmehl. Eine besondere Geschmacksnote kann man zusätzlich mit einem Zweig Salbei, Thymian, Rosmarin oder Majoran erzielen, der einfach auf das Holzmehl gelegt wird. Hier sind der Fantasie keine Grenzen gesetzt. Das Ausprobieren macht richtig Spaß. Jeder hat eigene Lieblingskräuter.

6. Nach dem Räuchern lässt man die Paprikastücke ein wenig auskühlen und gibt sie gleich im Anschluss in eine ausgediente Kaffeemühle oder einen Mixer. Die Paprika wird pulverisiert.

7. Das leckere Würzpulver sofort in ein aromadichtes Gefäß abfüllen.

Der zarte, milde Geschmack passt gut zu Brotaufstrichen, in Eierspeisen, Antipasti, Pastafüllungen und auch in Pastateig.

[a]

DAS IST *wirklich* WICHTIG

....

[a] IN KLEINERE STÜCKE geschnitten, bekommt die Paprika noch mehr Oberfläche und bei der anschließenden Weiterverarbeitung somit mehr Raucharoma.

[b] DIESES GEWÜRZ lässt sich mit jeder Paprika herstellen, ob grün, gelb oder rot, und sollte innerhalb einer Saison aufgebraucht werden. Die etwas bräunliche Farbe entsteht immer beim Räuchern.

[b]

RAUCH-TOMATEN
für Antipasti und Pesto

IM HOCHSOMMER WERDEN DIE TOMATEN REIF. WER EINE REICHE
ERNTE HAT, SOLLTE UNBEDINGT DIESES GEWÜRZ MIT GERÄUCHER-
TEN TOMATEN AUSPROBIEREN!

Zutaten

1 kg frische, reife Tomaten

Besonderes Werkzeug
- Darre, alternativ
  Heißluftherd
- Räuchergerät
  oder Kugelgrill
- Buchenmehl zum Räuchern
- Schraubglas
  oder Bügelglas
- Bei Bedarf Kaffeemühle
  oder Mixer

So geht's

1. Die Tomaten werden geerntet, sobald sie gut durchgefärbt sind
   und das beste Aroma haben. Jede Tomatensorte ist geeignet.

2. Gut gewaschen werden kleine Tomaten halbiert, größere gevier-
   telt. Da das Gemüse extrem viel Wasser enthält, entfernt man die
   Samen und lässt nur die fleischige Beerenwand übrig. Sie können
   die Fruchtstücke auch mit etwas Haushaltstuch abtupfen, damit
   diese möglichst gut vorgetrocknet sind.

3. Nun werden die Tomaten leicht gesalzen, im Prinzip wie für den
   Frischverzehr [→a].

4. So vorbereitet kommen sie zum Trocknen in eine Darre oder den
   Heißluftherd bei 60° C und leicht geöffneter Backofentür. Je nach
   Dicke der Frucht dauert die Trocknung einige Stunden. Tomaten
   müssen am Anfang immer auf der Schalenseite liegen. Später
   werden sie öfter gewendet, damit sie komplett durchtrocknen und
   hart werden.

5. Der nächste Schritt ist die Räucherung, die auf Seite 115 ausführ-
   lich beschrieben wird. Die Dörrtomaten werden mindestens zwei
   Stunden auf Buchenmehl geräuchert.

6. Danach lässt man die Rauchtomaten an der Luft kurz auskühlen,
   bevor sie luftdicht verpackt werden. Ein Schraubglas ist dafür
   ebenso gut geeignet wie ein Bügelglas mit Dichtungsgummi.

Die Würztomaten können als gebrochene Stücke, grob geschrotet
oder als Pulver verschenkt werden.

[a]

DAS IST *wirklich* WICHTIG

[a] **DIE TOMATEN** werden zum Trocknen immer zuerst auf die Schalenseite gelegt und ein wenig gesalzen. Für dieses Rezept eignet sich jede Tomatensorte.

[b] **DIE WÜRZTOMATEN** können als gebrochene Stücke, grob geschrotet oder als Pulver verschenkt werden.

[b]

KRIECHENDER SELLERIE
Wildes Urgewürz mit wenig Salz

ZARTES SELLERIEAROMA UND EIN HAUCH VON PETERSILIEN-
GESCHMACK SIND DIE BASIS DIESER AROMATISCHEN WÜRZE,
DIE OHNE VIEL SALZ AUSKOMMT.

Zutaten

1 Sellerieknolle

2 Tassen Kraut vom Kriechenden
Sellerie *(Apium repens)*,
alternativ Wasser-Sellerie
oder Blatt-Sellerie

3 EL Salz

Besonderes Werkzeug
- Fleischwolf oder Mixer
- Dauerbackfolie oder Backpapier
- Mörser oder Mixer

So geht's

1. Vom Frühjahr bis zum Herbst steht der Kriechende Sellerie im
Garten zur Verfügung. Sein starker Ausbreitungsdrang ermöglicht
es, auch große Mengen von den niedrigen Pflanzen zu ernten.
Dazu schneidet man das Grün mit einer Schere großflächig bis
zum Boden ab.

2. Die gewaschene Sellerieknolle wird geschält und in Würfel geschnitten, der Kriechende Sellerie in reichlich Wasser gründlich
gewaschen und trocken getupft.

3. Dann zerkleinert man diese Zutaten mit einem Fleischwolf oder
Mixer zu einem Brei [→a].

4. Wenn das Salz untergerührt ist, wird die Masse auf ein Backblech
mit einer Dauerbackfolie gestrichen und im Heißluftherd bei etwa
60° C und leicht geöffneter Backofentür getrocknet. Erst, wenn die
Masse beginnt fest zu werden, kann man versuchen, die Gemüseplatte zu wenden, um sie auch von der Unterseite her gründlich zu
trocknen.

5. Die fertige Platte ist hart und kann nun zerbrochen und bei Bedarf
im Mörser oder Mixer zermahlen werden.

Das Salz dient in diesem Rezept nicht der Haltbarkeit und darf nach
Belieben in der Menge verändert werden. Selleriesalz ist vielseitig
einsetzbar. Es passt zu Fleischgerichten ebenso wie zu Nudelsoßen,
Gemüsegerichten, Salaten und Smoothies.

EIN GEWÜRZSALZ ist in der Regel eine Mischung aus mindestens 15 % Gewürz, der Rest ist Salz. Leider werden die meisten Speisen häufig zu stark
gesalzen. Daher drehe ich einfach den Spieß um. Mein Gewürzsalz enthält
nur 15 % Salz.

KRIECHENDER SELLERIE

[a]

DAS IST *wirklich* WICHTIG

[a] KRÄUTER, die dicht am Boden wachsen, müssen vor der Verarbeitung sehr sorgfältig gereinigt werden, bevor man sie im Fleischwolf zerkleinert.

[b] MIT DIESEM GEWÜRZ wird gesunde Natur in die Küche geholt. Der Kriechende Sellerie steht auf der Roten Liste der vom Aussterben bedrohten Pflanzen.

[b]

WILDER SELLERIE
Alte Gemüsearten neu entdeckt

KNOLLEN-SELLERIE GEBACKEN, BLÄTTER UND KNOLLE ZUR SUPPE, ODER STÄNGEL ZUM DIPPEN SIND KLASSIKER. DIE WILDARTEN SIND NICHT MINDER SCHMACKHAFT UND EINFACH IM GARTEN ZU KULTIVIEREN.

AROMATISCHE WILDFORMEN

Aus der Wildform *Apium graveolens* var. *graveolens* sind unsere Kulturformen entstanden, der Knollen-, Bleich- und Schnitt-Sellerie. Auch andere Wildarten können zu aromatischen Geschenken und Gerichten verarbeitet werden – sie haben darum längst Einzug in meinen Garten gehalten.

Zwei davon stehen auf der Roten Liste der vom Aussterben bedrohten Pflanzen. Es handelt sich hierbei um den mehrjährigen Kriechenden Sellerie *(Apium repens)* sowie den zweijährigen Echten Sellerie *(Apium graveolens)*.

KRIECHENDER SELLERIE

Diese Wildform fühlt sich auf feuchten Lehmböden besonders wohl und verträgt auch Halbschatten. Dankbar für den perfekten Standort, breitet sich der Kriechende Sellerie über fein bewurzelte Ausläufer zu großen Beständen aus. Wird es im Gemüsebeet einmal zu eng, können Teilstücke ausgestochen und an anderer Stelle eingepflanzt werden. Die Höhe dieser Sellerieart beträgt etwa 10 Zentimeter.

Das zarte, feine Kraut dient als Petersilienersatz und kann regelmäßig beerntet werden. Es empfiehlt sich frisch für Suppen, Eintöpfe oder Salate. Die Blättchen sind viel zarter als die des Knollen-Selleries, aber nicht so kräftig in der Würze.

WASSER-SELLERIE

Eine weitere Wildform, die in Italien kultiviert wird, ist der Knotenblütige Sellerie, *Apium nodiflorum*, der auch Wasser-Sellerie genannt wird – daher siedelte ich ihn in meinem Garten am Teichrand an. Neben der Brunnenkresse gehört er im Sommer zu den knackigsten und würzigsten Salatpflanzen. Zu gleichen Teilen machen sie jede Kräuterbutter zu einem Traum.

Der Wasser-Sellerie wächst in jedem Gartenboden. Er darf nur niemals austrocknen. Die Pflanze wird 40 Zentimeter hoch, hat dicke, knackige Stängel, fast wie Schnitt-Sellerie und ist darum auch wesentlich ertragreicher als der Kriechende Sellerie. Die Blätter sind sehr zart. Das Aroma liegt zwischen Pastinaken und dem bekannten Echten Sellerie *(Apium graveolens)*.

[a] BEI SCHONENDER TROCKNUNG an der Luft bleibt die Heilwirkung des Krautes erhalten und die Blätter können etwa ein Jahr lang aufbewahrt werden.

[a]

JIAOGULAN
Kraut der Unsterblichkeit

IN JAPAN IST DAS KRAUT ALS TEE- UND GEMÜSEPFLANZE BEKANNT UND HEISST SOVIEL WIE „SÜSSE TEERANKE". ES GILT AUFGRUND SEINER INHALTSSTOFFE ALS BELIEBTE ALTERNATIVE FÜR GINSENG UND LÄSST SICH VIELFÄLTIG EINSETZEN.

Zutaten

Frisches Jiaogulan-Kraut

So geht's

1. Die leicht anzubauende Rankpflanze wächst recht schnell und kann bereits nach wenigen Wochen beerntet werden (im Herbst zieht sie ein und treibt im nächsten Frühjahr wieder aus). Den ganzen Sommer bis in den Spätherbst hinein schneidet man die jungen Triebe und lässt dabei an der Basis 10 cm Kraut stehen. Das fördert den Neuaustrieb für die nächste Ernte.

2. Die Zweige, samt Blättern, werden auf einem Tuch an der Luft getrocknet. Ohne Sonne und niemals in der Küche bei hoher Luftfeuchtigkeit. Schonend gedörrt bleiben die heilsamen Inhaltsstoffe weitgehend erhalten.

3. Wenn die Blätter rascheln, sind sie trocken und können ein Jahr lang aufbewahrt werden.

Das getrocknete Kraut eignet sich als Zugabe in Tees, Süßspeisen, Salate und Gemüse. Zum Aromatisieren von Flüssigkeiten wird das Kraut in einem Teebeutel oder Sieb mitgekocht, um die Pflanzenteile später wieder entnehmen zu können. In andere Speisen, in denen das Grün nicht stört, kann das Kraut direkt gegeben werden. Die trockenen Blätter lassen sich auch zu einem Pulver vermahlen und als Streuwürze verwenden.

Tipp

Jiaogulan-Tee
Die Süßkraft des Krautes und der angenehme Geschmack, der an Lakritz oder Ouzo erinnert, ergibt einen hervorragenden Tee. Dazu werden getrocknete Kräuter wie Minze, Blätter der Schwarzen Johannisbeere, Blätter der Indianernessel und Erdbeerblätter (alle zu gleichen Teilen) sowie zwei Teile getrocknete Jiaogulan-Blätter in die Mischung gegeben. Diese Kräuter werden gründlich vermengt. Für ¼ l Tee füllt man 1 bis 2 EL der Mischung in einen Teefilter und überbrüht ihn mit kochendem Wasser. Der Tee darf zehn Minuten ziehen und wird heiß oder kalt getrunken.

HERBST

Vielfalt pur

DIE MAGIE DER GEWÜRZE ERSCHLIESST SICH JEDEM EXPERIMENTIERFREUDIGEN. PROBIEREN SIE ES AUS UND ZAUBERN SIE AUS DEN WÜRZIGEN SAMEN VON KAPUZINERKRESSE, SENF UND RADIESCHEN WUN-DERVOLLE GESCHENKE. ODER WIE WÄRE ES MIT EINER EXOTISCHEN PASTE VON DER WOHLFÜHLBEERE UND VOM RIESEN-KNOBLAUCH?

DAS IST *wirklich* WICHTIG

....

[a] PROBIEREN SIE diese kleinen Samen einmal roh. Sie sind richtig schön würzig und pfeffrig. Das Einlegen verringert ihre Schärfe. Wer mag, erweitert das Rezept um ein paar Blättchen, die ebenfalls verwendet werden können.

[b] DIE GLÄSERRÄNDER und -deckel müssen vor dem Einwecken sauber und trocken sein, dann bleibt die Qualität der Samen jahrelang erhalten.

[a]

[b]

FALSCHE KAPERN
Schön pikante Kapuzinerkresse

GRÖSSE UND FORM DER GANZ FRISCHEN SAMEN DER KAPUZINERKRESSE
ERINNERN EIN WENIG AN KAPERN. SIE LASSEN SICH EBENSO EINLEGEN
UND SCHMECKEN ANGENEHM, LEICHT SCHARF.

Zutaten

3 Tassen grüne Samen
der Kapuzinerkresse

1 TL Salz

1 Lorbeerblatt

3 TL Senfkörner

1 milde Chilischote

1 ½ Tassen Wasser

1 ½ Tassen weißer
Balsam-Essig

Besonderes Werkzeug
- Einweckkessel oder
  Fettpfanne
- Weckgläser oder
  Schraubgläser

So geht's

1. Erntet man die würzigen Blüten einmal nicht,
   setzen sie schnell zwei bis drei Samen an. Die
   sehr jungen Samen der Kapuzinerkresse werden
   von den Stängeln gezupft [→a], auseinanderge-
   brochen und gewaschen.

2. Man füllt sie in winzige, saubere Weckgläschen
   oder Schraubgläser und gibt in jedes Gläschen
   eine Prise Salz, ein Eckchen Lorbeerblatt, wenige Senfkörner und ein Stückchen Chili.

3. Anschließend werden die Gläser mit Wasser und
   Essig aufgefüllt, bis 1 cm unter den Rand. Rän-
   der und Deckel sollten vor dem Verschließen
   trocken und sauber sein.

4. Nach dem Verschließen werden die falschen
   Kapern im Einweckkessel oder der Fettpfanne
   des Backofens im Wasser bei 90° C für 20 Minuten eingekocht.
   Wer nicht einwecken möchte, kocht für zehn
   Minuten die Samen mit allen Zutaten und füllt
   alles heiß in Schraubgläser.

Geschlossene Gläser halten sich viele Jahre lang.
Mit den falschen Kapern würzt man Butter, Salate
oder pikante Brotaufstriche.

Tipp

Brotaufstrich
200 g Frischkäse, 200 g
Schmand, 2 gehackte
Knoblauchzehen, ½ rote
Paprikaschote sehr fein
gehackt, 2 EL gehackte
falsche Kapern und etwas
Pfeffer oder Szechuan-
pfeffer miteinander ver-
rührt ergibt einen herrlichen Brotaufstrich.

DAS IST
wirklich
WICHTIG

[a] **SAMENFESTE RADIESCHEN-SORTEN** wie 'Parat', 'Cherry Belle' oder 'Eiszapfen' liefern perfekte Samen zum Würzen. Sie können auch für Keimsprossen in Salaten und als Saatgut für die nächste Saison verwendet werden.

[a]

RADIESCHEN-SAMEN
Erfrischend scharf in Salaten

RADIESCHEN SIND KLASSIKER UNTER DEN SCHNELL WACHSENDEN GEMÜSEN.
DIE SAMENSCHOTEN SCHMECKEN SAFTIG, KNACKIG, ERFRISCHEND UND MEHR
ODER WENIGER SCHARF. NOCH ETWAS SCHÄRFER SIND DIE SAMEN.

Zutaten

Radieschensamen

Besonderes Werkzeug
- Sieb
- Pergamenttüten oder Gläser mit Verschluss
- Bei Bedarf Leinenbeutel und Holz zum Dreschen (nur größere Mengen)

So geht's

1. Radieschen sind einjährig. Das bedeutet, dass sie im gleichen Jahr Blütenstände bilden und die Samen reifen [→a]. Die Samen werden in Schoten gebildet, die sich bei der Reife ocker verfärben. Bei trockenem Wetter platzen dann die Schoten schnell auf und die Samen fallen heraus. Daher werden die pergamentähnlichen Schoten geerntet, solange sie noch geschlossen sind.

2. Die gelben, runden Samenkörner werden aus den Schoten herausgepult. Durch Sieben trennt man die Samen von der Spreu und kann sie gleich als fertiges Gewürz in Pergamenttüten verpacken. Werden die Samen in verschlossenen Gläsern aufbewahrt, sollten sie vorher drei bis vier Tage an der Luft nachtrocknen. Bei großen Erntemengen wird gedroschen, indem man die Schoten in einen Sack füllt und darauf mit einem Holz schlägt.

Die Samen werden in der Küche wie Senfkörner verwendet. Auch beim Gurkeneinlegen kann ein Teil der Senfkörner durch sie ersetzt werden.

Tipp

Würzpulver
Man kann die Samen auch in einer Gewürzmühle mahlen. Das Aroma liegt zwischen leichter Schärfe eines Senfs und scharfem Rettich – ich esse gerne ein Käsebrot mit gemahlenen Radieschensamen und rotem Paprika.

DIE FRISCHEN, GRÜNEN SAMENSCHOTEN passen zur bayerischen Brotzeit, in einen Frühlingsquark oder zum Salat.

SCHWARZER SENF
Eine ganz besondere Schärfe

SCHWARZER SENF GEDEIHT IN JEDEM GARTENBODEN UND IST DIE
SCHÄRFSTE UNTER DEN SENFARTEN. PROBIEREN SIE ES AUS UND
VERSCHENKEN SIE DEN SENF AN ALLE, DIE ES FEURIG MÖGEN.

Zutaten

100 g schwarze Senfkörner
(Brassica nigra)

2 Wasabi-Blätter oder ein
junges Meerrettichblatt

90 ml Wasser

50 ml Weißweinessig

1 TL Salz

30 g Zucker

Besonderes Werkzeug
- Leinensack
- Kaffeemühle, Moulinette o. Ä.
- Schraubgläser oder
  Bügelgläser

So geht's

1. Die Senfernte erfolgt an einem trockenen Tag, wenn die Samen-schoten dörr und hellbraun gefärbt sind. Die trockenen Pflanzen reißt man einfach aus der Erde und stülpt sie kopfüber in einen Leinensack. Der Wurzelteil der Pflanzen wird vorher abgebrochen.

2. Durch Schlagen mit einem Holz drischt man die Samen aus den Hüllen, die sich gleich am Boden des Sackes absetzen. Spreu und Samen werden durch Rütteln und Blasen in einer flachen Schale voneinander getrennt.

3. Die reifen Senfkörner müssen anschließend sehr fein zu einem Pulver vermahlen werden [→a].
   Bevor bei einem Mahlintervall das Gerät zu warm wird, muss eine kurze Abkühlpause eingelegt werden. Dann kann ein zweites und drittes Mal gemahlen werden. Wird dieser Senf zu warm, verliert er seine Schärfe.

4. Die Wasabi- oder Meerrettichblätter werden gesäubert, grob zer-kleinert, dem Senfmehl zugegeben und mit dem Schlagwerk noch einmal gründlich gehackt und vermischt [→b].

5. Inzwischen wird das Wasser mit dem Essig, Salz und Zucker kurz aufgekocht, abgekühlt und mit der Senfmehlmischung in einen Mixer gegeben.

6. Die Masse darf ruhig fünf Minuten durchgerührt werden. So kann in der Zeit das Senfmehl quellen und man sieht, ob zusätzlich noch Mehl für eine bessere Konsistenz benötigt wird.

7. Ist das Ergebnis überzeugend, das heißt der Senf dick genug, wird in Schraub- oder Bügelgläser abgefüllt [→c]. Nach mindestens dreiwöchiger Reifezeit wird endlich probiert.

Der Senf ist viele Jahre lang haltbar.

[a]

[b]

DAS IST *wirklich* WICHTIG

[a] DIE FEINHEIT des Senfmehles beeinflusst die spätere Schärfe.

[b] DIE MENGE an Wasser und Essig, in die das Senfmehl eingerührt wird, bestimmt letztlich die Konsistenz des fertigen Senfes. Trocknet er irgendwann einmal etwas ein, kann er leicht mit frischem Essig wieder aufgerührt werden.

[c] SENF PASST ZU jedem Fleischgericht und verfeinert Soßen und Dressings. Ganz nach Geschmack kann der Senf auch grob gemahlen werden. Er schmeckt dann milder.

[c]

PASTINAKEN-WÜRZE
Brühwürfel aus dem eigenen Garten

DIE PASTINAKE IST EIN ALTES WURZELGEMÜSE, IDEAL ZUM WÜRZEN VON
SUPPEN UND EINTÖPFEN. EIN PRAKTISCHER WINTERVORRAT SIND SELBST
GEMACHTE BRÜHWÜRFEL MIT ZUTATEN AUS DEM EIGENEN GEMÜSEGARTEN.

Zutaten

4 Pastinaken

4 Möhren

2 Stangen Lauch

½ Sellerieknolle und
einige Sellerieblätter

2 bis 3 EL Salz

Das Mengenverhältnis darf
ruhig etwas variieren.

Besonderes Werkzeug
- Fleischwolf oder Mixer
- Backpapier
- Schraubgläser oder
  Geschenktütchen

So geht's

1. Die Pastinakenernte beginnt im Herbst, wenn die Rüben ausgewachsen sind, und erstreckt sich bis zum nächsten Frühjahr, solange der Boden nicht gefroren ist. Mit einer Grabegabel wird der
   Boden gelockert, sodass man die großen, weißen Rüben aus der
   Erde ziehen kann.

2. Für die Brühwürfel wird das ganze Gemüse gründlich geputzt und
   in kleinere Stücke geschnitten [→a].

3. Alle Gemüseteile werden mit einem Fleischwolf oder Mixer zu
   einem Brei zerkleinert und mit Salz abgeschmeckt.

4. Der Brei wird nun etwa 1 cm dick auf ein mit Backpapier ausge-
   legtes Backblech gestrichen [→b]. Bei etwa 60° C und leicht geöffneter Ofentür wird dieses Gemüse im Heißluftherd getrocknet.

5. Nach zwei Stunden stürzt man die Masse auf ein frisches Backpapier und kerbt die Oberfläche mit einem langen Messer in Form
   von kleinen Täfelchen ein.

6. Die langsam fest werdende Platte wird zum Weitertrocknen noch-
   mals in den warmen Ofen geschoben, bis sie schließlich hart und
   trocken ist.
   An den eingekerbten Sollbruchstellen kann man nun kleine Täfelchen abbrechen und in Schraubgläsern im Schrank verschlossen
   aufbewahren. Am Licht würde die frische Gemüsefarbe schnell
   verblassen.

Die Brühwürfel sind mehrere Jahre haltbar. Der Geschmack der
Pastinake beruht auf ihrer eigentlichen Herkunft. Sie ist eine Kreu-
zung zwischen Karotte und der Petersilienwurzel, also prädestiniert
zum Würzen von Suppen und Eintöpfen.

DAS IST *wirklich* WICHTIG

[a] OB MIT FLEISCHWOLF oder Mixer, es ist praktisch, die Gemüse vorher in grobe Stücke zu zerkleinern.

[b] DER GUT DURCHGERÜHRTE und gewürzte Brei wird zum Trocknen auf dem Blech gleichmäßig dünn verteilt.

[c] AUS DIESEM GEWÜRZ wird, mit etwas Wasser aufgekocht, in wenigen Minuten eine leckere Gemüsebrühe. Sie ist ein ideales Heißgetränk zur Stärkung bei einer Winterwanderung.

[c]

[a]

[b]

SCHISANDRA-MUS
Origineller Preiselbeeren-Ersatz

DIE KLETTERPFLANZE WIRD ALS „KRAUT DER FÜNF GESCHMACKSRICHTUNGEN"
BEZEICHNET. DIE BEEREN SCHMECKEN SÜSS-SÄUERLICH, SIND BITTER, SALZIG
UND ETWAS BEISSEND UND SOMIT EIN HOCHINTERESSANTES WÜRZMITTEL.

Zutaten

300 g Schisandra-Beeren,
bei Bedarf teilweise durch
Preiselbeeren ersetzen

300 g Gelierzucker

Besonderes Werkzeug
- Mixer oder Pürierstab
- Kleine Schraubgläser oder
  Einmachgläser

So geht's

1. In der ersten Oktoberhälfte werden die roten Fruchttrispen geerntet. Sie lassen sich mit der Hand leicht abzupfen. Spätestens nach
   dem ersten Frost fallen sie von der Pflanze ab.

2. Die Früchte werden im Mixer oder mit dem Pürierstab nur kurz
   püriert und mit der gleichen Menge Gelierzucker gut verrührt.

3. Die Masse wird dann in einem Topf auf dem Herd drei bis vier
   Minuten gekocht und in kleinste Schraubgläschen oder Einmach-
   gläser heiß abgefüllt. Verschlossen halten die Gläser mehrere
   Jahre.

Das Mus passt hervorragend zu Wildbret, z. B. als Ersatz der
bekannten Preiselbeeren.

DIE *SCHISANDRA CHINENSIS* trägt im Deutschen viele Namen: Chinesisches
Spaltkörbchen, Schisandra, Wu Wei Zi oder Wohlfühlbeere. Das Vorkom-
men aller fünf Geschmacksrichtungen macht sie zu einer interessanten
Pflanze, die mehrjährig und winterhart ist und im eigenen Garten angebaut
werden kann. Siehe auch Seite 83.

[a]

[b]

DAS IST *wirklich* WICHTIG

[a] WENN MAN KURZ mit einem Pürierstab einen Teil der Früchte zerkleinert, muss keine weitere Flüssigkeit beim Kochen hinzugefügt werden.

[b] MIT ZUCKER VERRÜHRT, ziehen die Früchte zusätzlich Wasser und brennen beim Kochen nicht so schnell an. Ständiges Rühren ist aber notwendig.

[c] DAS GROBE FRUCHTMUS wird sehr heiß in saubere Gläser gefüllt und sofort verschlossen. Im Einweck- oder Schraubglas hält das Mus bis zur nächsten Saison.

[c]

81

WOHLFÜHLBEERE
Kraut der fünf Geschmacksrichtungen

„EWIGES LEBEN, EIN HOHES ALTER OHNE ZU ALTERN, HILFT DEM KÖRPER WIE DER SEELE IN JEDER SITUATION." EINE IDEALE PFLANZE ALSO ZUM VERSCHENKEN UND FÜR DEN EIGENEN GARTEN.

GEHEIMNISVOLLER SCHLINGER

Die Wohlfühlbeere, *Schisandra chinensis*, ist ein anspruchsloses Schlinggewächs und droht dabei nicht als Einwanderer unsere heimische Flora zu verdrängen. Schisandra schlingt sich als Waldrandpflanze gerne an einem Gehölz oder einer anderen Stütze empor. Die Triebe erreichen gut eine Länge von drei Metern. Mit den Jahren sollen sie sogar acht Meter erreichen können und wären somit eine hübsche Zierde für die Pergola.

FRUCHT- UND BLÜTENHIGHLIGHT

Der knallrote Fruchtschmuck hat einen hohen Zierwert. Im Handel werden die Pflanzen als „selbst fruchtend" angeboten. Es ist es jedoch ratsam, mehrere Pflanzen zu setzen, um den Fruchtertrag zu steigern.
Die zarten, kleinen Blütchen von etwa acht Millimetern öffnen sich erst Ende April, wenn die Pflanze schon in vollem Laub steht. Oft verrät erst der betörende Duft die rosa farbigen Blüten.
Bei gutem Fruchtansatz lohnt es sich, die Pflanzen mit etwas Kompost und hin und wieder mit einer Wassergabe zu versorgen, um große Fruchtstände zu erhalten.

ERNTEZEIT

Ende September beginnt die Fruchternte der kräftig roten Kölbchen. Tatsächlich habe ich vor einigen Jahren die Früchte bis zum Frost hängen lassen, immer in der Hoffnung, sie würden irgendwann doch noch lecker und süß; leider vergebens. Vielleicht müssen wir uns an diese Aromenvielfalt erst gewöhnen. Da das Geschmackserlebnis aber so interessant und vielseitig ist, lohnt unbedingt der Anbau und die Verwertung. Es bleibt spannend in der Küche.

INHALTSSTOFFE

Die Schisandra wird seit über 2000 Jahren in der traditionellen chinesischen Medizin genutzt. Sie dient zum Aufbau und zur Stärkung bei verschiedensten Schwächeformen. Es liegen leider im westeuropäischen Raum noch keine nutzbaren, therapeutisch ausreichenden Erfahrungen vor. Man bezeichnet immerhin unter den gefundenen Inhaltsstoffen die spezifischen Lignane als sehr interessant. Ich persönlich vertraue der jahrtausendealten Erfahrung, die sogar eine Empfehlung der Tagesdosis vorgibt. Danach wird der tägliche Verzehr von einer Frucht pro kg Körpergewicht empfohlen, oder weniger!

DAS IST
wirklich
WICHTIG

[a] GEERNTET WIRD am späten Vormittag, wenn der Tau von den Pflanzen abgetrocknet ist. Beim Lavendel schneidet man die frisch aufgeblühten Rispen. Sie besitzen die meisten ätherischen Öle.

[b] HARTE, HOLZIGE TEILE sind in der Gewürzmischung nicht erwünscht. Darum werden die kleinen Blütchen vom harten Holz der Lavendelzweige abgezupft.

[c] WIE FEIN DIE MISCHUNG letztlich gemahlen wird, ist Geschmackssache. Wichtig ist eine homogene Masse.

[c]

[a]

[b]

PROVENCE-LAVENDEL
Mediterrane Würzmischung

DER PROVENCE-LAVENDEL HAT WUNDERBAR AROMATISCHE BLÜTEN, DIE DEUTLICH GRÖSSER SIND ALS DIE DES ECHTEN LAVENDELS. IN EINEM WÜRZ-SALZ KONSERVIERT, GEBEN SIE PIKANTEN SPEISEN EINE MEDITERRANE NOTE.

Zutaten

500 g Salz

40 g Majoranzweige

40 g Provence-Lavendel *(Lavandula* x *intermedia)*

20 g Thymianzweige

1 Blättchen Salbei

Alle Kräuter frisch

Besonderes Werkzeug
- Mixer
- Verschließbare Gläser oder Keramikdosen

So geht's

1. Nach der Sommerernte treiben die meisten Kräuter noch einmal kräftig durch und liefern bis in den Herbst hinein eine kleinere Nach-ernte.

2. Alle aufgeführten Kräuter werden an einem trockenen Tag mit einer Schere geschnitten [→a] und sauber verlesen im Heißluftherd bei 50° C getrocknet.

3. Die Blätter und Blüten lassen sich danach leicht von den holzigen Stängeln abrebeln. Das Salbei-blatt wird grob zerbrochen.

4. Die Kräuter werden zusammen mit dem Salz in einen Mixer gefüllt [→b] und gut zerkleinert.

5. Die Trockenmasse muss sehr gut mit dem Salz vermengt werden.

6. Diese mediterrane Würzmischung ist hocharo-matisch und wird sofort nach der Herstellung in verschließbare Gläser oder Keramikdosen ab-gefüllt [→c].

Das Lavendelsalz lässt sich einsetzen wie Ros-marin. Es passt sehr gut zu pikanten Speisen wie Ratatouille.

Tipp

Lavendel-Zucker
Wenn die Blüten im Herbst knapp werden, reicht es schon mal aus, nur grüne Zweigspitzen und wenige Blütenrispen zu schneiden, um einen Lavendelzucker herzu-stellen. Die Pflanzenteile lässt man im Zimmer drei Tage vortrocknen und legt sie dann lagenweise mit Zucker in ein verschließ-bares Glas. Nach zwei Wochen kann der duften-de Zucker bereits in der Küche zum Einsatz kom-men.
Damit können Süßspeisen und Backwaren aromati-siert werden – ich verwen-de Lavendelzucker gerne statt „Vanillinzucker".

SALBEIGAMANDER
Wichtige Bitterstoffe

BITTERSTOFFE SIND WICHTIG FÜR UNSERE VERDAUUNG. MEDITERRANE GEWÜR-
ZE WIE THYMIAN, ROSMARIN UND SALBEI BESITZEN SIE NOCH UND VERFEINERN
DIVERSE GERICHTE. EIN BESONDERER VERTRETER IST DER SALBEIGAMANDER.

Zutaten

Frische Triebe vom Salbeigamander *(Teucrium scorodonia)*,
etwa 30 cm lang

Besonderes Werkzeug
- Schnur
- Gewürzglas oder Dose

So geht's

1. Salbeigamander ist sehr starkwüchsig. Er bildet ständig Wurzel-
   ausläufer und frisches Blattgrün, das bis in den hinein Herbst
   geerntet werden kann. Dazu schneidet man am Vormittag die
   frischen, etwa 30 cm langen Triebe. Der Tau sollte schon abgetrocknet sein.

2. Dann bindet man einige Zweige mit einer Schnur zu kleinen
   Sträußchen zusammen und lässt sie an einem luftigen Ort im
   Schatten trocknen.
   Ebenso gut lassen sich die kleinen Blättchen von den Zweigen
   abzupfen und auf einem Tuch ausgebreitet an der Luft trocknen.
   Im Heißluftherd bei 60° C trocknen die Blättchen schon in etwa
   30 Minuten, ohne an Farbe oder Aroma zu verlieren.

3. Sobald die Pflanzenteile rascheln und völlig trocken sind, werden
   sie in ein Gewürzglas oder eine Dose abgefüllt.

Die kleinen Blättchen passen sehr gut zu mediterranen Antipasti,
Pizzasoßen, Ratatouille, Fischgerichten und Reisgerichten wie
Paella.

VIELE PFLANZEN MIT BITTERSTOFFEN verschwinden nach und nach
von unseren Gewürzlisten. Die Pflanzen verlieren durch Züchtung ihre
Bitterstoffe. Folglich verlernen wir, bitter zu schmecken, und werden
immer dicker. Denn die Bitterstoffe sind eine natürliche Essbremse,
regen die Produktion der Verdauungssäfte an und sind darum sehr
gesund für Magen und Darm.

DAS IST *wirklich* WICHTIG

[a] SCHONEND GETROCKNETE BLÄTTER behalten die frische grüne Farbe. Das gelingt nur bei Temperaturen zwischen 50 und maximal 60° C.

[a]

DAS IST *wirklich* WICHTIG

[a] VOM SCHABZIGER KLEE (links) werden die grünen Pflanzenteile verwendet und pulverisiert. Vom Bockshornklee (rechts) erntet man ausschließlich die leckeren Samen.

[a]

KLEE-PULVER
Spiel der Aromen

SELTEN BEGEGNET EINEM SO EINE GROSSE GESCHMACKSVIELFALT IN EINEM GEWÜRZ. UND DANN HANDELT ES SICH AUCH NOCH UM EINEN KLEE, DER ZU EINEM HERRLICHEN WÜRZPULVER FÜR BROTE VERARBEITET WERDEN KANN.

Zutaten

1 kg frischer Schabziger Klee

Ergibt maximal 100 g getrocknetes Gewürzpulver

Besonderes Werkzeug
- Bei Bedarf Dörrapparat
- Mörser oder Mixer
- Schraubglas

So geht's

1. Das Kraut wird ab Juni jeweils bei Blühbeginn geschnitten, treibt dann wieder aus und kann bis zum Herbst geerntet werden. Es werden jeweils alle oberirdischen Pflanzenteile gepflückt. Die letzte Herbsternte erfolgt nach der Samenreife, um Saatgut für das neue Gartenjahr zu bekommen.

2. Das gesamte Kraut wird im Dörrautomaten nach Anleitung für Teekräuter getrocknet, im Heißluftherd bei 60° C etwa drei Stunden bei leicht geöffneter Ofentür. An der Luft lässt es sich im Herbst nicht mehr dörren, höchstens in einem luftigen, temperierten Raum. Das dauert entsprechend länger.

3. Anschließend pulverisiert man die röschen Pflanzenteile im Mixer oder Mörser und füllt das grüne Pulver sofort in ein Schraubglas.

4. Dieses Gewürz gewinnt mit zunehmender Lagerung an Geschmack und ist unbegrenzt haltbar.

Das Pulver passt in jede Brotsorte und wird daher auch oft Brotmehl genannt. In 1,2 kg Sauerteig kommen beispielsweise 2 bis 3 EL Brotmehl und 15 g Salz. Sogar Frischkäse, Eierspeisen und Salatdressings lassen sich damit würzen. In 200 g Frischkäse für einen Gemüsedip schmeckt 1 EL Brotmehl sehr fein.

Die Variante

Bockshornklee
Vom Bockshornklee werden ausschließlich die Samen als Gewürz verwendet, die aus ziemlich langen, dünnen Schoten fallen. Man muss die Pflanzen kurz vor dem Aufplatzen der Samenhüllen ernten, etwa zwischen Juni und August, und umhüllt mit einer Papiertüte oder einem dünnen Leinensack trocknen lassen. So fallen die Samen gleich in das Einhüllgefäß. Die Samen haben ein interessantes Eigenaroma, sie schmecken angenehm, leicht bitterlich, nussig und würzig. Um das Aroma noch zu verstärken, kann man sie trocken rösten. 1 EL Samen an das Gemüse, den Fisch oder an Fleischgerichte gibt der Speise das besondere Etwas.

DAS IST *wirklich* WICHTIG

[a] KLEINERE MENGEN an Blättern lassen sich direkt mit dem Salz zerkleinern. Bei großen Mengen ist es leichter, nach dem Zerkleinern das Salz unterzumischen.

[b] DIE SALZKRISTALLE lösen sich schnell auf. Feuchtigkeit sammelt sich am Gefäßboden, die einfach abgeschüttet wird. Dieses Salz lässt sich auch trocknen!

[a]

[b]

FRISCHES WÜRZSALZ
aus Schottischem Liebstöckel

DIESE GEWÜRZSTAUDE IST GESCHMACKLICH DEM MAGGIKRAUT SEHR ÄHNLICH. DAS FEIN-AROMATISCHE BOUQUET UMFASST ZUSÄTZLICH NUANCEN VON SELLERIE, PASTINAKE UND PETERSILIE UND SOLLTE IN KEINER SUPPE FEHLEN.

Zutaten

Frische Blätter des Schottischen Liebstöckels *(Ligusticum scoticum)*

Salz

Besonderes Werkzeug
- Wiegemesser
- Tongefäß

So geht's

1. Zur Bevorratung in frischer Form können die Blätter bis zum Frost geerntet werden.

2. Die frischen, gesäuberten, abgetrockneten Blätter werden mit einem Wiegemesser klein geschnitten [→a].

3. Anschließend vermischt man sie mit der gleichen Menge Salz und stampft beides zusammen in einem Tongefäß.

4. Abschließend wird der Deckel nur aufgelegt, nicht fest verschraubt.

Die Pflanzenteile bleiben durch dieses „Einsalzen" saftig und geben einem das Gefühl, auch im Winter das frische Kraut zu verwenden. Die Haltbarkeit beträgt maximal ein halbes Jahr.

DER DOLDENBLÜTLER wird etwa 50 cm hoch und hat ein kräftiges, glänzendes Blattwerk. Die Pflanze ist kompakt und dekorativ. Die würzigen Blätter und Stängel können vom Frühjahr bis zum ersten Frost geerntet werden, auch noch nach der Blüte. Die aromatischen Samen sollte man unbedingt aufbewahren und in eine Gewürzmühle geben, sie passen zu vielen Eintöpfen, Suppen und Soßen.

Die Variante

Getrocknetes Würzsalz
Für einen würzigen Wintervorrat werden die Blätter geerntet. Sie müssen gesäubert und getrocknet werden. Bei etwa 60° C und etwas geöffneter Ofentür geht das im Heißlufherd in einer knappen Stunde. Auch in einem Dörrautomaten kann getrocknet werden.
Die röschen, trockenen Pflanzenteile werden dann in Portionen mit Salz vermischt und im Mörser verrieben. Dabei sollte der Pflanzenanteil mindestens 15 % betragen. Die Salzmischung kann in Schraubgläsern aufbewahrt werden.
Das Würzsalz passt zu Suppen, Eierspeisen, Salaten, deftigen Gemüse- und Fleischgerichten.

LUFTZWIEBELN
Kuriose Würze süß-sauer

DIE LUFTZWIEBEL SORGT IM GARTEN IMMER FÜR AUFSEHEN. DIESE
KURIOSITÄT BILDET AUF AUFRECHTEM SCHLOT DREI ZWIEBELCHEN,
DIE SCHARF, WÜRZIG UND AUCH ROH EIN GENUSS SIND.

Zutaten

600 g Luftzwiebeln

500 ml Weißweinessig

500 ml Wasser

100 g Zucker

3 EL Salz

2 TL weiße Pfefferkörner

3 TL Senfkörner

2 TL Piment

2 EL getrocknete Ringel-
blumenblütenblätter

1 Lorbeerblatt

Besonderes Werkzeug
- 3 kleine Weckgläser
- Einweckkessel oder
  Fettpfanne

So geht's

1. Die Luftzwiebelchen werden von den Schloten, an denen sie sitzen, abgezupft [→a]. Die Zwiebeln sollten noch nicht heruntergefallen sein und nicht zu stark ausgetrieben haben.

2. Von den Luftzwiebelchen werden die trockenen äußeren Schalen abgezogen [→b] und die Schlote in kleine Ringe geschnitten.

3. Dann werden Essig, Wasser, Zucker und Salz aufgekocht und zum Auskühlen zur Seite gestellt.

4. Nun füllt man die Zwiebeln in kleine, saubere Weckgläschen und verteilt die restlichen Zutaten auf die Zwiebelportionen. Das Lorbeerblatt wird dafür in Stücke gebrochen.

5. Die abgekühlte Flüssigkeit wird auf die Gläser verteilt. Die Zwiebeln sollten mit dem Sud bedeckt sein. Man kann bei Bedarf mit Wasser auffüllen.

6. Die Glasränder müssen mit einem Tuch sorgfältig abgerieben und mit Gummiring, Deckel und Weckklammern verschlossen werden.

7. Bei 95° C kocht man die Zwiebeln etwa 30 Minuten ein. Das funktioniert im Einweckkessel ebenso wie in der Fettpfanne eines Backofens, die mit Wasser gefüllt wird; auf den Boden der Fettpfanne vorher ein Geschirrtuch legen.
Die Einkochzeit beginnt erst, wenn die Flüssigkeiten 95° C erreicht haben.

Die fertigen Zwiebeln halten sich in den Gläsern fast unbegrenzt und dienen als Beilage oder Gewürz zum Beispiel im Rheinischen Kartoffelsalat oder Nudelsalat.

[a]

DAS IST *wirklich* WICHTIG

[a] **DIE LUFTZWIEBELN** können bis zu einem Durchmesser von 2 cm heranwachsen, bevor sie austreiben. Sind sie aber so schwer, dass der Schlot nicht mehr aufrecht steht, sinken sie zu Boden und schlagen Wurzeln.

[b] **DIE ÄUSSERE HÜLLE** ist immer trocken und sollte entfernt werden, wie bei der Küchenzwiebel. Falls ein kleiner Austrieb, ein junger Schlot, vorhanden ist, wird er abgeschnitten und verarbeitet.

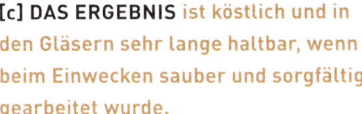

[c]

[c] **DAS ERGEBNIS** ist köstlich und in den Gläsern sehr lange haltbar, wenn beim Einwecken sauber und sorgfältig gearbeitet wurde.

[b]

RIESEN-KNOBLAUCH
Würzpaste zum Grillen

DIE KNOLLE DIESES KNOBLAUCHS ERREICHT NAHEZU SPEISEZWIEBEL-
GRÖSSE. DIE EINZELNEN ZEHEN SIND FAST PFLAUMENGROSS UND
BESITZEN EIN KRÄFTIGES, SCHARFES KNOBLAUCHAROMA.

Zutaten

Ganze Riesen-Knoblauchknollen,
alternativ herkömmliche
Knoblauchknollen

Besonderes Werkzeug

- Alufolie
- Bei Bedarf Einweckkessel
  oder Fettpfanne
- Kleine Gläschen

So geht's

1. Die Knollen werden im Herbst geerntet, dann müssen sie gegart werden.

2. Dazu wird jede einzelne, zuvor gesäuberte Knolle in Alufolie ge-wickelt und im Backofen bei 180 bis 200° C gegart, bis sie weich ist; etwa eine Stunde lang [→a].

3. Nach dem Backen wird der Knoblauch aus der Verpackung her-ausgenommen und die weiche Knoblauchmasse aus den dicken Zehen herausgepresst [→b]. Dieses Mus kann sofort verwendet werden. Die frische Paste sollte schnell verbraucht werden, da sie auch im Kühlschrank nur wenige Tage haltbar ist.

4. Zum Bevorraten füllt man das Mus in Minigläschen und kocht es 30 Minuten bei 85° C ein. Die Haltbarkeit beträgt jetzt mehrere Jahre.

Das Mus kann wie frischer Knoblauch oder direkt als Dip verwendet werden. Ein Esslöffel der Paste macht im Handumdrehen aus einer einfachen Butter eine delikate Knoblauchbutter zum Grillen, zu Steaks oder Garnelen.

[a]

[b]

DAS IST *wirklich* WICHTIG

....

[a] FRÜHESTENS nach einer Stunde ist die Knolle so weich, dass man das Mus leicht mit den Fingern aus der Hülle drücken kann. Das Garen funktioniert im Backofen etwas langsamer als in der Grillglut, die wesentlich heißer wird.

[b] SIND DIE ZEHEN noch etwas fest, hilft beim Zerkleinern eine Gabel. Dieses Mus ist bereits das fertige Gewürz und ein Traum zu Gegrilltem.

[c] FÜR EINEN VORRAT muss das Mus allerdings eingekocht werden. Dann kann es prima verschenkt werden.

[c]

[a]

[b]

DAS IST
wirklich
WICHTIG

[a] **ZUNÄCHST** muss man sie erkennen, die Echte Nelkenwurz. Sie gehört zu unserer heimischen Flora. Die Wurzeln können dann komplett ausgegraben werden.

[b] **DAS KRAUT** hat sehr aromatische Wurzeln. Wird zum Waschen warmes Wasser verwendet, kann man das Nelkenöl bereits riechen.

[c] **HAUPTSÄCHLICH DIE DICKE RÜBE** in der Mitte wird als Gewürz aufbewahrt. Die Nebenwurzeln können entfernt werden.

[d] **SCHON KLEINE MENGEN** dieser Wurzel reichen zum Würzen. Am besten ähnlich groß wie die Gewürznelken, die wir aus dem Handel kennen.

[c]

[d]

NELKENWURZ
als heimischer Nelken-Ersatz

DAS AROMA UNSERER HEIMISCHEN NELKENWURZ ENTHÄLT EBENSO NELKEN-ÖL WIE DIE WEIT GEREISTE GEWÜRZNELKE DES NELKENBAUMES. MIT DEN WUR-ZELSTÜCKCHEN KÖNNEN DIVERSE GERICHTE VERFEINERT WERDEN.

Zutaten

Frische Wurzeln der
Echten Nelkenwurz
(Geum urbanum)

Besonderes Werkzeug
- Wurzelbürste
- Kleine Schraubgläser

So geht's

1. Die Pflanzen sind oft sehr wuchsfreudig und können beim Jäten komplett mit der Wurzel ausgestochen werden [→a]. Allerdings bilden erst mehrjährige Pflanzen mit der Zeit eine flachliegende Rübe, die etwa 3 bis 5 cm lang sein kann. Für den Nelkenersatz wird diese geerntet.

2. Das dicke Wurzelstückchen wird von den feineren, langen Wurzeln befreit [→b] und unter fließendem Wasser gründlich mit einer Wurzelbürste gesäubert.

3. Die Wurzel [→c] wird in kleine Stücke geschnitten, bis sie der Gewürznelke entspricht und an der Luft auf einem Leinentuch getrocknet.

4. Die Stückchen bewahrt man in einem kleinen Schraubgläschen auf. Kleine Mengen reichen zum Würzen.

Die Wurzelstückchen können als Nelkenersatz zum Kochen verwendet werden. Sie passen zu Rotkohl ebenso wie in Beizflüssigkeiten für Wildbret oder Fisch.

Tipp

Magenlikör
1 l Korn, 200 g brauner Kandis, 5 Stückchen Nelkenwurzel, 1 EL Anissamen, 1 EL Fenchel, 1 TL getrockneter Thymian, 1 EL getrockneter Majoran, ½ Zimtstange, 5 Salbeiblätter, 1 EL Rosmarin zusammen in eine große Flasche füllen. Zwei Monate ziehen lassen und regelmäßig schütteln. Dann abfiltern und in einer sauberen Flasche aufbewahren.

TÜPFELFARN-WURZELN
Süßes Anisaroma aus der Erde

DER TÜPFELFARN GEHÖRT ZU UNSERER HEIMISCHEN FLORA. DAS BESONDERE AN IHM SIND SEINE WURZELN, DIE ANGENEHM SÜSS NACH LAKRITZE SCHMECKEN UND WILDGERICHTE, SOSSEN, SÜSSSPEISEN SOWIE LIKÖRE VERFEINERN.

Zutaten

Frische Wurzeln vom Gewöhnlichen Tüpfelfarn *(Polypodium vulgare)*

Besonderes Werkzeug
- Wurzelbürste
- Bei Bedarf Dörrautomat
- Gläschen
- Kaffeemühle oder Mörser

So geht's

1. Die horizontal wachsenden Wurzeln werden im Herbst geerntet. Sie liegen flach im Boden und müssen nicht tief ausgegraben werden. Ein winziges Stückchen der Wurzel sollte in der Erde belassen werden, damit der Farn weiterwachsen kann. Auch die Farnblätter bleiben auf der Erde liegen (siehe auch Seite 101).

2. Dann werden die zarten Wurzeln mit einer Bürste unter fließendem Wasser gründlich gesäubert [→a] und abgetrocknet. Man kann sie frisch und fein gehackt sofort als Würze in eine Wildbretsoße geben. Es reichen ein bis zwei Stückchen, so groß wie eine Gewürznelke. Ein Teil wird für die Winterbevorratung weiterverarbeitet.

3. Für die Winterbevorratung werden die zerkleinerten Wurzelstückchen im Heißluftherd bei leicht geöffneter Ofentür und 50° C getrocknet. Ein Dörrautomat leistet hier ebenfalls gute Dienste. In der feuchten Raumluft einer Küche sollte nicht getrocknet werden. Es könnte zu Schimmelbildung kommen. Offen in einem Raum wird nur getrocknet, wenn die Luftfeuchtigkeit sehr gering ist und die Trocknung zügig vorangeht.

4. Erst die völlig harten, getrockneten Wurzelstückchen werden in einem verschlossenen Gläschen aufbewahrt. Man kann sie auch sofort in einer alten Kaffeemühle oder einem Mörser fein zermahlen.

Das gemahlene Pulver verfeinert Süßspeisen. Meist reicht eine gute Messerspitze voll. Für Liköre und Bratensoßen, die nach gewisser Zeit abgeseiht oder püriert werden, eignen sich die Wurzelstückchen.

[a]

DAS IST *wirklich* WICHTIG

[a] MAN ERNTET IMMER nur einen Teil der Wurzeln. Auch die Farnwedel bleiben auf der Erde liegen, damit sie ihre Sporen zur Ausbreitung im Garten auswerfen können.

[b] DIE FARNWURZELN liefern ein ergiebiges, süßliches Gewürz für vielerlei Speisen. Trocken aufbewahrt ist es lange haltbar. Bei Bedarf kann die Würze fein zermahlen werden.

[b]

TÜPFELFARN
Anspruchslose süße Wurzeln

DER TÜPFELFARN IST IN DER NATUR SCHON FAST AUSGESTORBEN UND STEHT UNTER NATURSCHUTZ. NICHT NUR, WEIL ER SO ANSPRUCHSLOS IST, SOLLTE MAN IHN IN SEINEN GARTEN HOLEN.

Wer auf den Geschmack der süßlichen Würze des Tüpfelfarnes gekommen ist, muss die Pflanze im Garten anbauen. In jeder guten Staudengärtnerei ist der Tüpfelfarn erhältlich.

GUTER STANDORT

Der Tüpfelfarn gehört zu den anpassungsfähigsten Farnen überhaupt. Er liebt sauren, humosen Waldboden und kommt zeitweise auch gut mit Trockenheit zurecht.

Bei idealen Lebensbedingungen können seine Blätter schon mal 50 Zentimeter lang werden und dichte Bestände bilden. Die Wurzeln liegen flach in der Erde und sind so leicht zu ernten. Man sieht diesen Farn hin und wieder aus Felsspalten hervorspitzen. Er ist als Epiphyt (Aufsitzerpflanze) auch an stark bemoosten Baumrinden zu finden.

Wenn er – wie in meinem Garten – nur einen Lehmboden vorfindet, bleiben seine Bestände klein und seine Blätter gerade einmal 30 Zentimeter lang. Zum Aufbessern der Erde sammle ich daher Jahr für Jahr das Falllaub, indem ich mit dem Rasenmäher darüberfahre.

Dabei werden die Blätter zerhackt. Anschließend mische ich das Laub mit etwas reifem Kompost und trage es unter den Bäumen zusammen, dort, wo später mein Tüpfelfarn wachsen soll. So entsteht ein saurer Waldboden.

SÜSSE „ENGELS-WURZELN"

Laut Hildegard von Bingen stärkt der Engelsüß Lebensfreude und Vitalität. Als Engelsüß ist der Tüpfelfarn auch bekannt, da er angenehm süß und etwas nach Lakritz schmeckt. Nur ein Engel konnte einst den Menschen diese heilende Köstlichkeit in der Erde gezeigt haben, so glaubte man.

Die Wurzeln enthalten verschiedene Zuckerarten, daher kommt auch die leichte Lakritznote. Mit diesem heimischen, fast vergessenen, süßen Gewürz können Süßspeisen (Fruchtsirup, Eis, Pudding, Kompotte, Liköre, Bonbons, Lutscher) ebenso wie kräftige Rotwild-, Rinder- und Wildgeflügelbraten aromatisiert werden. Egal, ob als kleine Wurzelstücke oder gemahlen als Pulver; siehe auch Seite 99.

WINTER

Knospen und Rinden

EIN GEWÜRZGARTEN HÄLT SELBST BEI FROSTIGEN TEMPERATUREN EINE MENGE AROMEN BEREIT. JETZT WERDEN KNOSPEN, RINDEN, WURZELN UND WINTER-FRÜCHTE VERARBEITET UND DARAUS LIEBEVOLLE GESCHENKE GESTALTET. BERBERITZE, GEWÜRZ-STRAUCH, BALSAM-PAPPEL UND SZECHUANPFEFFER WARTEN DARAUF, GEERNTET ZU WERDEN.

[a]

[b]

DAS IST *wirklich* WICHTIG

....

[a] IN DIESEN KNOSPEN sitzt das kostbare, antiseptische Harz. Es klebt stark. Darum trägt man bei der Ernte am besten Handschuhe.

[b] WÄHREND DIE KNOSPEN an der Luft ein wenig trocknen, verlieren sie keinerlei Aromen. Der intensive Duft erinnert stark an Wald, Bienenwachs und Propolis, das nicht nur die Bienen dringend für ihre Gesundheit benötigen.

[c] AUCH WENN SICH DIE KNOSPEN noch feucht anfühlen, sie werden nicht schimmeln! Es ist ein wirklich heilsames Gewürz.

[c]

BALSAM-PAPPEL
Aromatische Baumknospen

DIE KNOSPEN DER BALSAM-PAPPEL DUFTEN NACH BIENENWABEN UND WALD. DER GESCHMACK ERINNERT AN DIE BEKANNTEN WINTERGEWÜRZE WIE ZIMT, NELKEN UND STERNANIS – IDEAL FÜR DIE WEIHNACHTSBÄCKEREI.

Zutaten

Frische Knospen der Balsam-Pappel (*Populus balsamifera* var. *balsamifera*)

Besonderes Werkzeug
- Astschere oder Säge
- Handschuhe
- Schraubglas

So geht's

1. Die Knospen der Balsam-Pappel können vom Spätherbst bis zum Vorfrühling geerntet werden. Der Baum muss jährlich zurückgeschnitten werden, dabei fällt eine größere Menge an Schnittgut mit vielen Knospen an.

2. Wenn die Zweige geschnitten sind, sollten zum Abzupfen der Knospen unbedingt Handschuhe getragen werden [→a], da die Knospen stark kleben und die Hände braun färben. Die Verfärbung lässt sich zwar leicht mit Seife abwaschen, aber beim Zupfen stört das klebrige Harz doch sehr.

3. Die Knospen sind von der ersten Minute an gebrauchsfertig. Man kann sie noch eine Woche offen zum Trocknen auf einem Tuch ausgebreitet liegen lassen [→b] und dann in ein Schraubglas füllen. So sehr sie auch kleben und sich feucht anfühlen, schimmeln werden sie auch nach Jahren nicht.

Die Knospen passen in einen winterlichen Nussstollen ebenso wie in einen Likör mit Früchten oder Kräutern. Es werden einfach 1 bis 2 EL der klebrigen Knospen in 1 l Likör gegeben. Eine Tinktur, die man als Aroma in Süßspeisen gibt, ist schnell hergestellt, indem Sie eine Tasse Knospen in einem halben Liter Doppelkorn vier Wochen ziehen lassen, abfiltern und in ein kleines Fläschchen füllen.

Tipp

Winter-Stollen
Der Teig wird aus 500 g Mehl, 1 Tütchen Backpulver, 1 TL Lebkuchengewürz, 2 Eiern, 250 g Quark und 150 g Butter geknetet. Für die Nussfüllung werden 200 g gemischte Nüsse geröstet und zusammen mit 1 EL Pappelknospen durch den Fleischwolf gedreht. Anschließend werden 2 Eigelb mit 80 g Zucker cremig geschlagen und 10 Tropfen Rumaroma, 1 TL Zimt sowie die Nussmasse unter die Eiercreme gerührt. Dann wird der Eischnee von 2 Eiern ebenfalls untergehoben und die Masse auf den ausgerollten Stollenteig gestrichen. Zum Stollen zusammengerollt, wird der Kuchen im Backofen auf einem gefetteten Blech bei 180° C etwa 55 Minuten gebacken.

BERBERITZE
Einst Sauergewürz der armen Leute

VOM HERBST BIS IN DEN WINTER HINEIN KANN MAN DIE BERBERITZEN ERNTEN. SIE ENTHALTEN EBENSO VIEL VITAMIN C WIE DIE ZITRONE UND SIND DAHER ALS SAUERGEWÜRZ BESTENS GEEIGNET.

Zutaten

Rote Früchte der Gewöhnlichen Berberitze *(Berberis vulgaris)*

Besonderes Werkzeug
- Lederhandschuh
- Dörrautomat, alternativ Heißluftherd
- Gewürzmühle oder Schraubgläser

So geht's

1. Die roten Früchte, die an Reiskörner erinnern, hängen an 8 cm langen Rispen. Obwohl der Strauch sehr spitze Dornen hat, lassen sich die Früchte auch ohne Verletzungen ernten [→a]. Dazu werden die Rispen mit den Fingernägeln einfach abgezwickt. An der anderen Hand, die den Zweig festhält, trägt man einen Lederhandschuh.

2. Die dunkelroten, reifen Früchte werden nun von den Zweiglein gezupft, gewaschen, verlesen und mit einem Tuch trocken getupft.

3. Anschließend kommen sie zur Trocknung in den Heißluftherd [→b]. Eine Temperatur von 50° C reicht aus. Die Ofentür muss einen Spalt breit geöffnet bleiben, damit die feuchte Luft entweichen kann. Das Trocknen ist natürlich auch mit einem Dörrautomaten möglich. Je härter die Früchte getrocknet sind, umso besser lassen sie sich vermahlen oder schroten.

4. Die harten, knusprigen Früchtchen werden sofort nach der Trocknung in Gewürzmühlen oder Schraubgläser abgefüllt, damit sie nicht wieder die Feuchtigkeit aus der Raumluft aufnehmen.

Das frisch gemahlene Fruchtpulver verfeinert Salatdressings, Puddings, Milchmixgetränke, Kuchen und Quarkspeisen. Dazu wird es teelöffelweise in die Flüssigkeit oder den Teig gerührt. Auch würzige Kräuterfüllungen für Fisch bekommen durch das Berberitzen-Gewürz eine sehr fein säuerliche Note.
In einer Gewürzmühle zerkleinerte Trockenfrüchte lässt man nur wenige Minuten in der Speise mitkochen, damit sich das Aroma gut entfalten kann.

[c]

[a]

DAS IST *wirklich* WICHTIG

[a] **IM WINTER** hängen häufig noch die leuchtenden Früchte an den Zweigen. Jetzt wird es höchste Zeit für die Ernte. Die Fruchtrispen besitzen keine Dornen und lassen sich leicht abzupfen.

[b] **EINLAGIG** werden die Früchte ausgebreitet, um schnell trocknen zu können. Hin und wieder rüttelt man das Blech, um die Früchte zu wenden.

[c] **SEHR HÜBSCH** sehen die Berberitzen auch in Reisgerichten im Ganzen aus. Dafür müssen die Früchte aber zuerst mit dem Reis aufquellen.

[b]

BERBERITZE
Unkomplizierte Pflanzenpersönlichkeit

DIE GEWÖHNLICHE BERBERITZE, AUCH SAUERDORN GENANNT, IST EIN TOLLES SAUERGEWÜRZ FÜR DIE KÜCHE. ES GIBT NOCH RUND 500 ANDERE ARTEN, VON DENEN ES LOHNT, EINIGE IN DEN GARTEN ZU HOLEN.

HECKEN-BERBERITZE

Ein weiterer Vertreter unter den Berberitzen ist die Hecken-Berberitze, *Berberis thunbergii*, die heute in unseren Gärten, besonders den Vorgärten, gepflanzt wird. Sie gilt als giftig und ist daher als Sauergewürz leider unbrauchbar. Zudem enthält sie die Alkaloide Berberin und Berbamin, die zu einer Reizung der Haut, der Augen, Nieren, Magen und Darm führen können. Im Garten sind die Pflanzen mit ihren hübschen Blüten und Früchten allerdings sehr dekorativ. Ihre Dornen halten Hund und Katze fern.

SAUERDORN

Der Sauerdorn, *Berberis vulgaris*, enthält zwar ebenso diese Alkaloide, aber nur in den Zweigen und Wurzeln, nicht in den Früchten oder Samen. Inzwischen wurden in einigen Ländern auch großfruchtige *Berberis-vulgaris*-Sorten wie 'Rubin' oder 'Azisa' und sogar kernlose wie die *Berberis vulgaris* 'Asperma' gezüchtet. Da lohnt der Anbau im eigenen Garten. Die Koreaberberitze 'Rubin' ist sehr ertragreich und die Früchte sind deutlich größer als die der alten *Berberis vulgaris*. Leuchtend hellrote Früchte mit hohem Fruchtzucker- und Säuregehalt liefern auch aufgrund ihrer Größe eine hohe Saftausbeute, was die Frucht noch interessanter für die Küche macht.

Die Sorte 'Azisa' ist mit ihrem reichen, lachsroten Fruchtbesatz ebenfalls sehr zierend. In meiner Küche möchte ich sie als Sauergewürz nicht mehr missen.

SICHER ERNTEN

Im Frühjahr erstrahlen die schwefelgelben, auffälligen, großen Blütentrauben und locken viele Insekten an. Der Strauch kann drei Meter hoch werden und ist sehr kräftig bedornt. So schützt sich der Busch auf natürliche Weise vor Wildverbiss – ich persönlich trage bei der Ernte in den dornigen Büschen immer eine robuste Wachsjacke. Die sieben bis acht Zentimeter langen Fruchttrauben lassen sich ohne Verletzungen ernten, wenn man etwas achtsam arbeitet. Die Dornen sind umgewandelte Blätter, die am Ansatz der Fruchtrispen sitzen. Man greift also mit den Fingern nur bis zur hintersten Frucht und zupft mit den Fingernägeln die Rispe ab. An der anderen Hand trägt man einen Handschuh.

[a]

[b]

DAS IST
wirklich
WICHTIG

[a] DIE FRISCHEN BLÄTTER der
Brunnenkresse schmecken herrlich
scharf und müssen für die Weiterverarbeitung gut gesäubert werden.

[b] FÜR LÄNGERES KONSERVIEREN
wird die Brunnenkresse lediglich
mit der Knoblauchzehe und dem Salz
püriert. In Gläsern lässt sich das
Püree bei 85° C in 35 Minuten einwecken oder im Plastikgefäß einfrieren.

[c] EIN IDEALES GESCHENK ist die
eingeweckte Brunnenkresse. Aber
auch die frische Creme ist ein tolles
Mitbringsel für Feste und Feiern.

[c]

BRUNNENKRESSE
Scharfe Creme aus jungen Blättern

MIT DEN JUNGEN BLÄTTERN DER BRUNNENKRESSE LÄSST SICH EINE FEINE, SCHARFE CREME ZUBEREITEN, DIE MAN IM KÜHLSCHRANK ETWA EINE WOCHE LANG AUFBEWAHREN KANN UND IM GEFRIERSCHRANK SOGAR EINIGE MONATE.

Zutaten

2 bis 3 Tassen Brunnen-kresse; frisches Kraut

1 Knoblauchzehe

200 g Frischkäse

100 g Schmand

Etwas Salz und Pfeffer

Besonderes Werkzeug
- Salatschleuder bei Bedarf
- Mixer oder Pürierstab
- Gefäß mit Deckel

So geht's

1. Wer einmal am Teich die Brunnenkresse angesiedelt hat, muss sich um nichts mehr kümmern, nur noch um die Ernte. Bis in den Winter hinein können die kräftig aromatischen, scharfen Blätter zum Würzen geerntet werden.

2. Die Brunnenkresse wird anschließend verlesen, gewaschen und in der Salatschleuder vorgetrocknet. Auch mit einem Tuch lässt sich das Wasser etwas abtupfen.

3. Die Knoblauchzehe wird geschält und zusammen mit allen Zutaten im Mixer oder in einer Schüssel mit einem Pürierstab zerkleinert und gut verrührt.

4. Frisch verzehrt schmeckt Brunnenkressecreme am feinsten. In einem Schraubglas oder einer Schüssel mit Deckel kann die Creme im Kühlschrank auch für einige Tage aufbewahrt werden.

Diese Creme passt sehr gut zu Pellkartoffeln, Antipasti, Salat, als Gemüsedip, aufs Butterbrot oder zu geräuchertem Fisch.

Tipp

Würzige Keimsprossen
Eine andere pikante Variante sind die Keimsprossen, die man aus den Samen gewinnt. Im Winter werden diese auf einem feuchten Haushaltstuch oder in einer flachen Schale auf dem Fensterbrett in drei bis vier Tagen zum Keimen gebracht. Die scharfen Sprossen gehen eine frische, kräftige Würze an jeden Salat – eine wahre Delikatesse.

ÄLTERE PFLANZENTEILE BLÜHEN IM SOMMER und produzieren reichlich Samen. Die Samen der Brunnenkresse schmecken scharf und passen wie Senfkörner in einen Gurkensud zum Einlegen.

WEINBERGSLAUCH
Die scharfen Wilden

DER ECHTE WEINBERGSLAUCH WUCHS URSPRÜNGLICH ALS WILDPFLANZE IN DEN WEINBERGEN. SEINE KLEINEN ZWIEBEL-CHEN SIND EINE LECKERE WÜRZE AN SALATEN.

Zutaten

Frische Brutzwiebeln des Weinberglauchs

So geht's

1. Die Ernte der kleinen Brutzwiebelchen ist leicht. Sie beginnt im Spätherbst und kann den ganzen Winter hindurch erfolgen. Man schneidet dazu mit der Schere die stabilen, 30 bis 40 cm langen Stiele, an deren Spitze sich bündelweise die Zwiebelchen befinden.

2. Mit den Fingern werden die „Bulbillen" (Brutzwiebeln) nun auseinander gezupft. Ausgebreitet lässt man sie auf einem Tuch einen Tag lang nachtrocknen.

3. Anschließend werden sie in ein sehr feinmaschiges Netz oder kleines, offenes Körbchen gegeben. Luftig verpackt lassen sie sich trocken in der Speisekammer oder einem anderen kühleren Raum bis zum nächsten Frühjahr aufbewahren.

Die Zwiebelchen passen frisch geschält und gehackt an Salate, in Kräuterquark, Gewürzbutter, zum Steak, an Bratkartoffeln oder in Gulasch. Auch zum Einlegen in Mixed Pickles sind sie geeignet. Durch das Erhitzen verlieren sie aber ihre Schärfe.

NICHT VERWENDETE ZWIEBELCHEN können, im Frühling in den Garten gepflanzt, gleich wieder weiterwachsen. Aus ihnen sprießen, wie beim Porree, zunächst bleistiftdünne leckere Stangen, die man in der Küche wie Schnittlauch verwendet.

DAS IST *wirklich* WICHTIG

[a] DIESE KLEINEN BRUTZWIEBELCHEN sind richtig scharf. Luftig verpackt und trocken und kühl gelagert halten sie bis zum nächsten Frühjahr.

[a]

DAS IST
wirklich
WICHTIG

[a] DIE ZWEIGE DES GEWÜRZ-
STRAUCHES sind nicht essbar.
Sie werden zum Glimmen gebracht
und der entstehende würzige Rauch
aromatisiert die Speisen.

[a]

ZWEIGE ZUM RÄUCHERN
Gewürzstrauch

DIESER STRAUCH WIRD WIE WACHOLDER ZUM RÄUCHERN UND GRILLEN EINGESETZT. DIE EIGENTLICHE WÜRZE BEFINDET SICH IN DER RINDE DER ZWEIGE UND IST VOLLER ÄTHERISCHER ÖLE.

Zutaten

Zweige vom Echten Gewürzstrauch *(Calycanthus floridus)*

Besonderes Werkzeug

- Kugelgrill oder Räucherschrank
- Räuchermehl, z. B. Buchenspäne oder -mehl

So geht's

1. Frische grüne Zweige können zu jeder Jahreszeit geschnitten werden. Viel intensiver und darum auch sparsamer ist allerdings das trockene Holz im Winter, wenn der Baum ohnehin zurückgeschnitten wird, siehe auch Seite 117.

2. Räuchern ist eine alte Methode der Haltbarmachung und bis in die heutige Zeit beliebt. In einem Räucherschrank oder Kugelgrill bringt man dazu Buchenholzspäne oder -mehl in einer Schale zum Glimmen. Diese wird in einem Kugelgrill beispielsweise auf einen feuerfesten Abstandshalter zur Glut gestellt. Durch die indirekte Hitze qualmen die Späne, brennen aber nicht. Die Aromen des Rauches dringen im geschlossenen Kugelgrill in das Räuchergut, welches auf dem Grillrost liegt.
Der Duft des Rauches wird verstärkt und aromatisiert, wenn auf die Räucherspäne nun drei bis vier Zweige des Gewürzstrauches gelegt werden. Schnell setzen sich die ätherischen Öle frei und der Duft des Gewürzstrauches dringt in das Räuchergut.
Zum Räuchern eignen sich Wurstwaren, gepökeltes Fleisch, marinierte Fische, gesalzene Nüsse sowie gesalzene und getrocknete Tomaten, Paprika und vieles mehr.

Tipp

Geräucherte Nüsse
500 g geknackte Nüsse wie Haselnüsse, Walnüsse und Mandeln werden über Nacht lagenweise in trockenes Salz gelegt. Anschließend werden die Nüsse wieder herausgenommen und das Salz ein wenig abgerieben.
Im heißen Rauch lässt man nun auf einem flachen Teller die Nüsse zwei Stunden ziehen.
Das Ergebnis sind etwas angebräunte, köstliche Knabbereien, die direkt verzehrt werden können. Was nicht sofort gegessen wird, lässt sich in einer verschlossenen Dose einige Wochen aufbewahren.

CALYCANTHUS FLORIDUS ist ein großer Strauch, der mit seiner lang anhaltenden, dunkelroten Blüte eine Bereicherung für jeden Garten darstellt, siehe auch Seite 116 und 117.

GEWÜRZSTRAUCH
Duftende Blüten, Blätter und Rinden

VON JUNI BIS ANFANG AUGUST TRÄGT DER GEWÜRZSTRAUCH DUNKEL-
ROTE BIS BRÄUNLICHE BLÜTEN, DIE AUSSEHEN, ALS SEIEN SIE AUS HOLZ
GESCHNITZT. DAS UNTERSTREICHT NOCH DIE LANGE BLÜTEZEIT.

DEKORATIV IN BLATT UND BLÜTE

Die Blüten des Strauches sind eigentlich zu schön, um sie zu ernten. Ihr Duft ist säuerlich fruchtig mit einer leichten Note von Balsam-Essig. Man nimmt ihn aber nur ab und zu wahr, wenn die Blüten nicht mehr ganz frisch sind und der Abend warm und windstill ist. Die Blätter haben ein schwaches Aroma. Sie sind dunkelgrün, glänzend und unterstützen damit die Wirkung der attraktiven Blüten. Erst beim Zerreiben verströmen die Blätter einen balsamischen Duft.

GUTER STANDORT

Der Gewürzstrauch kann zu einem stattlichen Busch mit einer Höhe von 2,5 Metern und einer Breite von gut zwei Metern heranwachsen. Sein optimaler Standort ist sonnig bis halbschattig. Seine Wurzeln dürfen niemals austrocknen, mögen aber auch keine Staunässe. Ein lehmiger Boden mit einem geringen Kiesanteil als Drainage ist perfekt. Ist der Standort sehr sandig, muss Sommer wie Winter gegossen werden, besonders, wenn die Pflanze in der Sonne steht.

Vor Schädlingen schützt sich der Gewürzstrauch selbst, wahrscheinlich durch seinen starken Duft.

PFLEGE

Die beste Zeit für einen Rückschnitt des *Calycanthus floridus* ist einmal am Ende des Winters. Inzwischen führt der Handel neben langsam wachsenden Sorten auch solche, die bereits in jungen Jahren lange Triebe produzieren und gleich zurückgeschnitten werden können. Das macht auch schnell wachsende Sorten von Anfang an buschiger und die Ernte des Schnittgutes zum Räuchern noch größer.
Der *Calycanthus* kann auch in einem Topf auf der Terrasse oder dem Balkon gepflegt werden. Hier ist aber regelmäßiges Gießen unerlässlich. Auch muss im Winter das Pflanzgefäß mit Styroporplatten oder Ähnlichem vor Frost geschützt werden. Bei der Überwinterung im Keller ist Staunässe unbedingt zu vermeiden.

SZECHUANPFEFFER
Pfeffriges aus dem Garten

BEIM SZECHUANPFEFFER HANDELT ES SICH NICHT UM DEN ECHTEN PFEFFER, EINE RANKENDE TROPENPFLANZE, SONDERN UM EIN WINTERHARTES GEHÖLZ MIT ROTEN SAMENSCHALEN, DIE SCHARF UND PRICKELND WIE PFEFFER SCHMECKEN.

Zutaten

Frische Früchte des
Szechuanpfeffers

Besonderes Werkzeug
- Gewürzmühle
  oder Dose

So geht's

1. Im Winter werden an dem großen, dornigen Busch kleine, rote, in Dolden hängende Früchte geerntet. Sie sind reif, wenn sie beginnen zu platzen.

2. Die schwarzen Samen im Inneren der Samenschalen sind bitter und zum Würzen ungeeignet. Sie müssen daher entfernt werden.

3. Die ausgepulten Samenschalen lässt man offen auf einem Geschirrtuch nachtrocknen.

4. Die Samenschalen können in einer Gewürzmühle oder Dose verschenkt werden. Diese sollten dunkel aufbewahrt werden, damit das rostrote Gewürz nicht im Licht verblasst.

Traditionell für die chinesische Küche werden die Samenkapseln vor der Verwendung mit etwas Salz sanft in der Pfanne geröstet, bis sie duften, und dann erst gemahlen.
Die frisch gemahlenen Samenhüllen duften fruchtig, blumig, erfrischend und etwas harzig. Der säuerliche, scharfe Nachgeschmack hält sich etwas auf der Zunge.
Der Szechuanpfeffer passt aber auch gut zu Schwein, Rind, Fisch und sogar Frucht- und Süßspeisen.

DIE BLÄTTER DES SZECHUANPFEFFERS *(Zanthoxylum piperitum)* werden im Frühling frisch verwendet oder getrocknet. Sie haben ein frisches, mildes Aroma. Leider ist es sehr flüchtig, daher gibt man die Blätter erst kurz vor dem Servieren zu den Speisen.

DAS IST *wirklich* WICHTIG

[a] ZUM WÜRZEN verwendet man die leeren Samenhüllen. Sie schmecken scharf und prickelnd. Damit das rostrote Gewürz im Licht nicht verblasst, muss es dunkel aufbewahrt werden.

[a]

WINTER-HECKENZWIEBEL
Würze aus schwarzen Samen

DIE WINTER-HECKENZWIEBEL BILDET KEINE ZWIEBELN AUS, DAFÜR SIND DIE AROMATISCHEN RÖHRCHEN SOWIE DIE GRÜN-WEISSLICHEN BLÜTEN-BÄLLE ESSBAR. DIE SAMEN LIEFERN IM WINTER EINE ZWIEBELIGE WÜRZE.

Zutaten

Samen der Winter-Hecken-zwiebel *(Allium fistulosum)*

Besonderes Werkzeug
- Leinensack
- Gewürzmühle oder Schraubgefäß

So geht's

1. Je nach Blütezeit reifen früher oder später die Samen der Winter-Heckenzwiebel heran und die Samenhüllen nehmen eine perga-mentähnliche Farbe und Festigkeit an. Bevor die Samenhüllen platzen und die schwarzen Samen ausfallen, müssen sie geerntet werden.

2. Man schneidet einfach die ganzen Samenstände mit einer Schere ab und lässt sie an einem trockenen, warmen Ort in einem Leinen-sack bis zum Winter nachreifen.

3. Große Mengen an Samenständen können gedroschen werden. Man lässt sie in dem Sack und schlägt mit einem Holz darauf. So trennt sich die Spreu vom Samen. Durch Schütteln sammelt sich der Großteil der Samen am Boden des Sackes. Kleine Erntemengen können mit den Händen zerrieben werden, bis die Samen herausfallen.

4. Anschließend siebt man die Samen aus, füllt sie in eine flache Schale und entfernt mit Rütteln der Schale und leichtem Pusten den Rest der Spreu.

5. Die schwarzen, kantigen, sehr harten Samen werden in ein Schraubgefäß oder eine gute Gewürzmühle abgefüllt.

Die Samen können fein oder grob gemahlen über die Speisen gegeben werden.

DIE WINTER-HECKENZWIEBEL ist eine ausdauernde Gemüse- und Würz-pflanze. Neben den Gewürzsamen können vom Frühjahr bis in den Winter hinein die wohlschmeckenden grünen, dicken Schlote geerntet werden. Mit der Zeit bildet die Winter-Heckenzwiebel dichte, bis zu 80 cm hohe Bestände. Daher stammt auch die Bezeichnung Heckenzwiebel.

[a]

DAS IST *wirklich* WICHTIG

....

[a] MIT EINER GUTEN PFEFFER-MÜHLE fein gemahlen, passen die Zwiebelsamen in den Brotteig, auf den Pizzateig, an Suppen, in Eintöpfe und alles, was Zwiebelaroma verträgt. Es lassen sich alle Samen von essbaren Zwiebeln so verwenden. Die Samen der Winter-Heckenzwiebel sind verhältnismäßig groß.

SERVICE & BEZUGSQUELLEN

ZUBEHÖR

Manufactum GmbH & Co. KG

Hiberniastr. 5
45731 Waltrop
Tel.: (0 23 09) 93 90 60
E-Mail: info@manufactum.de
www.manufactum.de

· Großes Sortiment an Artikeln
  zu Haus und Garten sowie Ver-
  packungen. Gläser, Schüsseln,
  Besteck, Tüten ... in hochwertigem
  Material.

Fissler GmbH

Fr. Beate Adler
Harald-Fissler-Str. 1
55743 Idar-Oberstein

· Töpfe, Schnellkochtöpfe, Küchen-
  helfer, Messer in Premiumqualität

Großhandel für Flaschen, Gläser und Konservendosen e.K.

Hartmut Bauer
Bauhofring 25
71732 Tamm
Tel.: (0 71 41) 6 43 69 25
E-Mail: info@flaschenbauer.de
www.flaschenbauer.de

· Einweckgläser und Zubehör sowie
  Spirituosenflaschen für Likör
  und Wein. Leere Glasballons für
  Getränke, Öl- und Essigflaschen,
  Verschlüsse jeglicher Art.

· Textildeckchen und andere Deko-
  rationsartikel, um Ihr Geschenk in
  Szene zu setzen.

Novaplus Fachversand GmbH

Stellebergstr. 9
73092 Heiningen
Tel.: (0 71 61) 9 65 94 20
E-Mail: info@novaplus.de
www.novaplus.de

· Küchengeräte und -hilfen von
  Passiertüchern, Schneidebrettern
  und Messer-Sets bis hin zu Aufbe-
  wahrungsbehältern und Töpfen.

PFLANZEN

Eggert Baumschulen

Baumschulweg 2
25594 Vaale
Tel.: (0 48 27) 93 26 27
www.Eggert-Baumschulen.de

· Laub- und Nadelgehölze sowie
  Obstgehölze, Raritäten. Spezialist
  für Wildgehölze.

Rühlemann's Kräuter & Duftpflanzen

Auf dem Berg 2
27367 Horstedt
Tel.: (0 42 88) 92 85 58
E-Mail: info@ruehlemanns.de
www.ruehlemanns.de

· Über 1.200 Kräuterarten und
  -sorten! Gestaltungstipps und
  Seminare.

Staudengärtnerei Gaissmayer

Jungviehweide 3
89257 Illertissen
Tel.: (0 73 03) 72 58
E-Mail: info@staudengaissmayer.de
www.staudengaissmayer.de

· Über 3.000 Arten und Sorten von
  Stauden, Biokräutern, Duftpflan-
  zen, Malven, Phlox; Stauden
  für den ländlichen Garten, viele
  Raritäten, Besonderheiten und
  Neuheiten. Über 50 Minzsorten.

Raritätengärtnerei Treml

Eckerstr. 32
93471 Arnbruck
Tel.: (0 99 45) 90 51 00
E-Mail: treml@pflanzentreml.de
www.pflanzentreml.de

· Alles rund um Kräuter. Gängiges
  Sortiment sowie viele Besonderheiten und Raritäten. Beerenobst,
  Gemüse (alte Sorten), Wasser-
  pflanzen.

REGISTER

Raucharoma 54
Räuchern, Gerät 58, 60, 62, 115
–, Fisch 115
–, Fleisch 115
–, Gewürzstrauch 115
–, Mehl 115
–, Nüsse 115
–, Paprika 60, 115
–, Tomaten 115
Rauchgewürze 58
Reisgerichte 52, 86
Riesen-Knoblauch 94, **95**
Rinderbraten 101
Rindfleisch 118
Ringelblume 52, **53**
–, Pulver 52
–, Safran-Ersatz 52, **53**
–, trocknen 52
Rösten 89
–, Bockshornklee 89
–, Brennnesselsamen 17
–, Sassafras-Baum 46
Rotkohl 97
Rumex acetosa 31
Rumex acetosa 'Profusion' 31
Rumex patientia 31
Rumex sanguineus 31

Safran-Ersatz, Ringelblume 52, **53**
Salat 13 f., 17, 31, 38, 64, 67, 69, 73, 75, 91, 111 f.
–, Dressing 10, 32, 89, 106
–, Kartoffel- 92
–, Nudel- 92
–, Obst- 34
–, Soße 17
Salbeigamander 86, **87**
–, trocknen 86
Salz, Gewürz- 64
Samen, Brennnessel 17
–, Chinesischer Lauch 14
–, Engelwurz 20
–, Radieschen **74**, 75
–, Winter-Heckenzwiebel

120, **121**
Sassafras-Baum 46, **47**
–, Filetpulver 46, **47**
–, trocknen 46
Sauerampfer 31 f.
Sauerampfer, Schild- 32
Sauerdorn 109
Sauergewürz, Berberitze 106, **107**
Schabziger Klee **88**, 89
Sellerie, Blatt- 64
–, Bleich- 67
–, Echter Sellerie 67
Schild-Sauerampfer-Salz 32 f., **33**
Schimmelbildung 98
Schisandra chinensis 80, **82**, 83
Schisandra, Beeren 80
–, Mus 80, **81**
Schlehenblüten, Likör 36
–, Zucker 36, **37**
Schmorgerichte 56
Schottischer Liebstöckel **90**, 91
Schwarzer Senf 76, **77**
Schweinefleisch 118
Sellerie, Blatt- 64
– Bleich- 67
–, Echter 67
–, Knollen- 67
–, Kriechender 64, **65**, 67
–, Salz 64
–, Schnitt- 67
–, trocknen 64
–, Wasser- 64, 67
–, Wildformen 67
Senf, mahlen 76, **77**
–, Pulver 76
–, Schwarzer 76, **77**
Smoothie 10, 42, 64
Sommer 41 ff., **41 ff.**
Sommer-Bohnenkraut 54
Soße 22, 77
–, Braten- 98
–, Nudel- 64
–, Wildbret- 98
Soßenbinder 46
Spaghetti 32

Speiseeis 42
Staunässe 56
Steak 112
Stollen, Nuss- 105
Suppe 28, 67, 78, 91, 121,
–, Liebstöckel 91
Suppengewürz, Liebstöckel 22, **23**
Süßspeisen 34, 42, 44, 52, 69, 85, 98, 101, 105
Szechuanpfeffer 118, **119**

Tee 69
Teucrium scorodonia 86
Tiefgekühlt, Chinesischer Lauch 14
Tomaten, Pulver 62
–, räuchern 62, 115
–, trocknen 62, **63**
Torten 20, 34, 42
Tripmadam 38, **39**
Trocknen, Aronia 42, **43**
–, Bärlauch 10 f., **11**
–, Beeren 42 f., **43**
–, Chili 58 f., **59**
–, Currystrauch 56
–, Felsen-Kirsche 44
–, Gemüsebaum 48
–, Jiaogulan 69
–, Lavendel 85
–, Paprika 60
–, Pastinaken 78, **79**
–, Ringelblume 52
–, Salbeigamander 86
–, Sassafras-Baum 46
–, Sellerie 64
–, Tomaten 62, **63**
–, Tüpfelfarn 98
–, Veilchen 34
–, Zuckerwurzel 28 f., **29**
Tüpfelfarn 98, **100**, 101
–, Pulver 98, **99**

Veilchen, kandieren 34, **35**
Vitaminlieferant 38

Wasabi, Blätter 26
–, einkochen 26
–, Pesto 26, **27**
–, Wurzel 26
Wasser-Sellerie 64, 67
Weinbergslauch 13
–, frisch 112, **113**
Wildbret 80, 97 f.
Wilder Sellerie 67
Winter 103 ff., **103 ff.**
Winter-Heckenzwiebeln 120, **121**
Wohlfühlbeere 80 f., **82**, 83
Wurzel, Engelwurz 20
–, Meerrettich 24 f., **25**
–, Tüpfelfarn 98, **99**
Würzmischung, mediterrane 85
–, Zuckerwurzel 28, **29**
Würzpaste, Riesen-Knoblauch 94, **95**
Würzpulver 75
Würzsalz, Schottischer Liebstöckel **90**, 91
Würztomaten 62 f., **63**

Zitronenaroma 54
Zucker, aromatisiert 36
–, Krümel- 36, **37**
–, Lavendel- 85
–, Schlehen-Blüten- 36, **37**
Zuckerwurzel 28, **29**
–, trocknen 28 f., **29**
Zwiebelgewächse **12**, 13
Zwiebeln, süß-sauer 92, **93**

Besuchen Sie die Raritäten Gärtnerei

Seit über 30 Jahren Kräutergärtner im schönen Bayerischen Wald. In unserer Raritäten-Gärtnerei haben wir über 3.000 Kräuter und Heilpflanzen aus aller Welt.

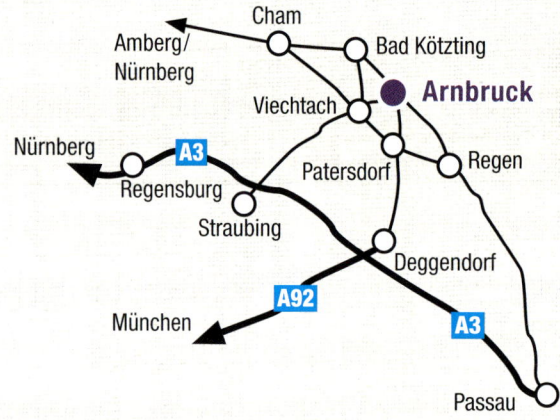

INSPIRATION PUR

So liebevoll und individuell kann Schenken sein

Barbara Krasemann
Geschenke aus meinem Garten
144 Seiten, 120 Abbildungen, €/D 14,99

Selbst gemacht ist es am schönsten!
Liebevoll selbst gemachte Geschenke sind voll im Trend. Ob kulinarische Genüsse aus der eigenen Küche oder Dekoratives aus Naturmaterialien: Wer gerne etwas ganz Besonderes verschenkt, findet in diesem schönen Buch Inspiration, eine Fülle von raffinierten Ideen und genaue Anleitungen zum Selbermachen. Passend zu den Jahreszeiten von Frühlingsschokolade bis Weihnachtslikör, von Beerentee bis Zimtseife sind der Fantasie keine Grenzen gesetzt.

kosmos.de/natur

Besuchen Sie Barbara Krasemann in ihrem Traumgarten!

Holen Sie sich Anregungen für Ihren eigenen Garten. Erfahren Sie Wissenswertes über die Verwendung verschiedenster Früchte, Blätter, Blüten und Knospen für Küche und Gesundheit an über 450 verschiedenen Gehölzen, diversen Stauden und alten Gemüsesorten.

*Mein Traumgarten ist der Garten,
der meine Wunden heilt, meine
Tränen trocknet, meine Seele tröstet;
der Garten, der mich satt macht.*

Offene Führungen ohne Anmeldung

- Für Minigruppen und Einzelpersonen
- Jeden 1. und 3. Sonntag im Monat
- Von Mai bis Oktober
- Jeweils um 10 und 14 Uhr
- Dauer ca. 2 Stunden
- Schwerpunktthemen wechseln nach Saison.

Führungen für Gruppen ab 20 Personen

- Nach voriger Absprache
- Alle Wochentage sowie alle restlichen Sonntage im Monat (außer 1. und 3. Sonntag im Monat)
- Bitte fragen Sie rechtzeitig nach, welche Termine noch frei sind.

Kontakt
Barbara Krasemann | Dixenhausen 23
91177 Thalmässing | Tel.: (0 91 73) 7 88 86
E-Mail: info@baerbels-garten.de

AKTEURE

Barbara Krasemann ist leidenschaftliche Gärtnerin und hat sich ihr Wissen in über 25 Jahren in ihrem 8.500 qm großen Garten angeeignet. Sie bietet botanische Führungen durch ihr Gartenparadies, gibt Kurse, hält Vorträge und tritt regelmäßig im Fernsehen auf.
Die vielen tollen Rezepte und Ideen in diesem Buch hat sie alle selbst entwickelt, denn in ihrem Garten gibt es kaum eine Pflanze, die sie nicht zu Köstlichkeiten oder wertvollen Produkten für Körper und Geist verarbeitet.

Anne Rogge und **Jan Jankovic** sind Dipl. Fotodesigner aus Düsseldorf. Gemeinsam führen sie das Fotostudio Rogge & Jankovic Fotografen mit Schwerpunkt Food, Stills & Places. Für ihr Kochbuch Herbst Winter Gemüse, ebenfalls im Kosmos Verlag erschienen, wurden sie 2008 mit dem Gourmand Cookbook Award ausgezeichnet.
Mit ihren Fotos haben sie die Rezepte dieses Buches außergewöhnlich in Szene gesetzt und in liebevolle Geschenke verwandelt. Die kreativen Verpackungsideen und das Styling stammen ebenso aus der Hand der beiden Fotografen.

IMPRESSUM

117 Farbfotos wurden von Rogge & Jankovic Fotografen, Düsseldorf, für dieses Buch aufgenommen.

Umschlaggestaltung von Gramisci Editorialdesign, München unter Verwendung von zwei Farbfotos von Rogge & Jankovic Fotografen, Düsseldorf.

Unser gesamtes lieferbares Programm und viele weitere Informationen zu unseren Büchern, Spielen, Experimentierkästen, DVDs, Autoren und Aktivitäten finden Sie unter **kosmos.de**

Gedruckt auf chlorfrei gebleichtem Papier

© 2014, Franckh-Kosmos Verlags-GmbH & Co. KG, Stuttgart
Alle Rechte vorbehalten
ISBN 978-3-440-14105-2
Projektleitung: Birgit Grimm
Redaktion: Birgit Grimm
Gestaltungskonzept:
Gramisci Editorialdesign, München
Gestaltung und Satz:
Cordula Schaaf, Grafik-Design, München
Produktion: Jürgen Bischoff
Printed in Slovakia / Imprimé en Slovaquie